Cada día, todos, nos enfrentare  igo
J. P. formula una exhortación que
podrían calificarse como «solo p   co,
gracioso y, lo más importante, ex   significativas directamente de las Escrituras.

—**GREG LAURIE**, es pastor principal de Harvest
Christian Fellowship y autor de numerosos libros

J. P. Jones tiene la maravillosa habilidad de entrar en la mente de los
hombres. En *Enfrenta tu goliat*, aborda temas importantes de la vida
del hombre con verdad, franqueza y practicidad. *Enfrenta tu goliat* es
una lectura obligada para los hombres que quieren ganar las batallas
en sus vidas. En cada página de esta obra hay la clase de sabiduría y
verdad que transforma y libera a los hombres.

—**JIM BURNS**, autor de los libros *El código de la pureza* y *Padres confiados*

Enfrenta tu goliat trata un tema real e importante. J. P. Jones comprende a los hombres y el mundo en que vivimos. Brinda soluciones
bíblicas a desafíos comunes. Todo hombre debe leer y aplicar este
libro.

—**STEVE REYNOLDS**, pastor y autor de *Bod4God*

Cuando estoy cerca de J. P. Jones, siempre me sorprenden dos ras-
gos: la fidelidad y la firmeza. Es fiel al enseñar la verdad, fiel a su
familia y fiel a la edificación de hombres que a su vez pueden edi-
ficar a otros. La brújula de J. P., su verdadero norte, es enseñar e
implementar con coherencia la verdad de Cristo.

—**STEVE FARRAR**, autor de *El hombre guía* y *Valor verdadero*

En *Enfrenta tu Goliat*, J. P. Jones escribe sobre el hecho de que cada
hombre se enfrenta diariamente a su enemigo en la batalla espiritual. *Enfrenta tu Goliat* ayudará a cada hombre a reconocer a los
goliats en su camino y le dará las herramientas para salir victorioso
y seguir adelante en su búsqueda de Dios. *Enfrenta tu Goliat* es un
mensaje bíblico expuesto por un hombre de verdad.

—**JAKE ELLENBERGER**, luchador de UFC, división peso wélter

¡Me encanta la historia de David y Goliat y su paralelo con la vida del hombre de Dios hoy! Dios está llamando a los hombres a dar un paso adelante y no solo a liderar a sus familias sino también sus iglesias, lugares de trabajo y donde sea que los ponga. En particular, me encanta la historia en la que David fue al campo de batalla porque sabía que encontraría a Dios allí. A través de los talentos, dones y habilidades que tenía, sirvió a Dios y derrotó al terrible gigante. *Enfrenta tu goliat* es un recordatorio para que los hombres entreguen sus batallas al Señor. ¡Desafío a cualquier hombre de Dios a leer este libro y derrotar a los gigantes que hay en su vida!

— **MARK MUÑOZ**, dos veces campeón *All American Wrestler* de la Universidad Estatal de Oklahoma. Luchador de la UFC

Enfrenta tu goliat es una lectura obligada para todo hombre. ¡Es un trabajo brillante! Este libro va a ser la guía para mi ministerio con los hombres. El pastor J. P. ha hecho un trabajo excepcional al tratar los verdaderos problemas masculinos con una sorprendente sinergia de profundidad en las Escrituras e historias de la vida real, algo con lo que cada hombre puede identificarse. Esta es una lectura decisiva que he recomendado a muchos colegas. Además, una asombrosa y versátil herramienta —centrada en el evangelio— para cada hombre.

— **ANDREA GIORGI**, pastor de Chiesa Logos, Florencia, Italia; y director nacional de Cruzada Estudiantil y Profesional para Cristo

Enfrenta tu goliat es un manual de operaciones tácticas para las batallas espirituales a las que estamos sujetos como hombres. El enemigo es un maestro de la guerra asimétrica. Estamos en guerra y el diablo no lucha de manera justa. La forma en que J. P. revela y aplica el poder del evangelio puede ayudarnos a vencer a los gigantes que enfrentamos, colosos que se revelan en una variedad de formas. J. P. los descubre y proporciona un medio para emplear las tácticas apropiadas que pueden conducir a la victoria. Es hora de honrar las palabras de nuestro Salvador, ponernos nuestra armadura de guerra y correr a la lucha.

— **TENIENTE JASON PARK**, del equipo SWAT, Departamento del Sheriff del Condado de Orange, California

He tenido el privilegio de conocer a pocos hombres que han «ido a la batalla» con la ferocidad de J. P. Jones. Su verdadera fuerza no proviene del gimnasio, sino de su profundo amor y lealtad a Jesucristo. Durante más de treinta años, lo he visto batallar como un gran padre, esposo, misionero, pastor y fundador de iglesias. Pero también lo he visto cuando nada lucía claro y los sueños parecían estrellarse con las rocas. Cuando su goliat parecía un enorme gigante, agarró unas piedras para enfrentarlo. *Enfrenta tu goliat* es un libro para todo hombre, escrito por uno que lo ha vivido. «Léelo y elige tus piedras».

—**STEVE OSBORN**, pastor de Evangelical Free Church, California.

J. P. es un hombre que escribe con discernimiento para un mundo masculino. Entiende las dificultades por las que los hombres atraviesan, como dirigir un negocio, una iglesia y un hogar. J. P. escribe con firme convicción y verdad bíblica. *Enfrenta tu goliat* establece un camino claro para que el hombre derrote a sus gigantes y conquiste la meta de conocer a Cristo.

—**DR. MICHAEL ANTHONY**, autor de *Moving On, Moving Forward*

J. P. ha escrito un libro que insta a los hombres a enfrentar a sus goliats, sean dudas, miedos, lujuria o ira... y, como él escribe, el evangelio es revelado. *Enfrenta tu goliat* es un tremendo estudio para todos los hombres individualmente o en grupos, donde sea que se encuentren en su jornada espiritual. Usaré este libro una y otra vez en los próximos años.

—**DAVE BURNS**, director de Mount Hermon Conference Center

Un libro es tan bueno como lo es su autor. En los más de treinta años que conozco a J. P. Jones, mi mejor y más cercano amigo, puedo decir francamente que lo que ofrece proviene de lo más profundo de su carácter ante el Señor. Esta charla en cuanto a pelear la batalla espiritual y ganarla se ha estado gestando en él por años. Lo ha vivido, enseñado y lo domina. Ahora todos podemos leer sobre sus más ricos descubrimientos acerca de caminar victoriosamente con Cristo.

—**TODD WENDORFF**, autor de *Viviendo la vida juntos*

Los héroes de guerra se inmortalizan erigiéndoles estatuas y colocando sus nombres en algunas autopistas, sus historias se estudian en los libros de texto y se narran en películas. Los hombres fueron hechos para ser héroes, pero ninguno obtiene la victoria automáticamente; se requiere un salto de fe. En *Enfrenta tu goliat*, J. P. Jones desafía a los hombres a dar ese salto con los ojos bien abiertos. Cada hombre enfrentará sus batallas, la mayoría se retirará del frente en vez de aprender las estrategias divinas para ganar. No te des por vencido: emplea las ideas planteadas en este libro para convertirte en el héroe que Dios te hizo. Recomiendo *Enfrenta tu goliat* a todo hombre que aspire a una vida victoriosa.

—**BOB SHANK**, fundador y presidente de The Master's Program. Autor de *Life Mastery*

Al fin, un libro de verdades bíblicas ¡escrito con testosterona! Con el escenario del fulminante nocaut de David contra Goliat, en el primer asalto, los hombres ahora pueden verlo como realmente fue: no solo un hombre que luchó contra un gigante, sino uno lleno de fe luchando contra el obstáculo más grande y más malvado de su época. Con inteligencia y con el cromosoma **Y**, J. P. nos lleva al mismo campo de batalla, armándonos con un plan bélico y estrategias de trincheras para derrotar a los gigantes más grandes de nuestra era. Todo el tiempo nos recuerda que «la batalla es del Señor».

—**RON WALTERS**, vicepresidente de Salem Communications

ENFRENTA TU

J. P. JONES

ENFRENTA TU GOLIAT

**CÓMO VENCER
A TUS GIGANTES.
LÉELO Y ELIGE
TUS PIEDRAS**

www.EditorialNivelUno.com
Para vivir la Palabra

Dedico este libro a mi esposa y a mis hijos.

Donna, eres el regalo de Dios para mí
y el amor de mi vida.
Que el Señor te conceda tus deseos más sublimes.

Taylor, eres un guerrero de Cristo.
Que Dios te haga esforzado, fuerte y valiente.

Kylie, eres mi preciosa hija.
Que siempre brilles con el amor de Dios.

Ashton, eres mi bebé.
Que temas al Señor y camines siempre en su amor.

Para vivir la Palabra

MANTÉNGANSE ALERTA;
PERMANEZCAN FIRMES EN LA FE;
SEAN VALIENTES Y FUERTES.
—1 CORINTIOS 16:13 (NVI)

Publicado por:

Editorial Nivel Uno, Inc.
3838 Crestwood Circle
Weston, Fl 33331
www.editorialniveluno.com

©2020 Derechos reservados

ISBN: 978-1-941538-69-2

Desarrollo editorial: *Grupo Nivel Uno, Inc.*
Diseño interior: *Grupo Nivel Uno, Inc.*

CONTENIDO

CUANDO EL DESEO Y LA DISCIPLINA NO SON SUFICIENTES

KENNY LUCK

Seamos realistas: *los fracasos repetidos nos deprimen*. No lograr avances muy necesarios o cambios visibles en nuestra vida minará nuestra energía y comenzará a colorear nuestro mundo con sombras de finales precipitados y fatalidad.

A las dificultades, las personas, los defectos de carácter o los demonios que no podemos vencer los llamamos «problemas» u «obstáculos». Mi mentor espiritual, J. P. Jones, los llama «goliats». Cualquiera sea la forma que adopten nuestros goliats, son imposibles de enfrentar; su presencia continua se burla de nosotros repetidas veces, y la idea de matarlos, vencerlos o derrotarlos es desalentadora.

Permitir que un goliat exista en tu vida de manera constante producirá odio a ti mismo y destruirá tus relaciones con Dios y las personas que te rodean. Así como le gusta al diablo. Pero aun más siniestro y dañino —y lo sé por experiencia personal— es que lo que piensas sobre Dios se verá limitado, contaminado y cínico.

Goliat impedirá que tengamos una vida poderosa en Dios y que disfrutemos la plenitud que Jesús nos prometió (ver Juan 10:10). Como seguidores de Cristo, sabemos que ningún problema, hombre, carácter defectuoso o circunstancia puede arrogarse ese derecho o no ser cuestionado. Se requiere valor, por lo que debemos empezar a caminar hacia el enemigo.

En *Enfrenta tu goliat*, J. P. te equipará con verdades que se incrustarán profundamente en la frente de tu goliat, si crees en ellas. El poder de esas verdades es garantizado, solo necesitan tu fe en acción para concretarse. Al igual que en la épica confrontación de David que cambió la historia, también tu propio legado espiritual y tu destino están a punto de cambiar. Tus palabras y tus acciones delatarán toda lógica y sentido común de quienes te rodean *exactamente* porque provienen de una nueva fuente de convicción personal, relación y lealtad nunca antes visto por otros.

Agarra esta piedra ahora mismo y decide levantarte.

KENNY LUCK
Autor del libro *Sleeping Giant*
Pastor de hombres en *Saddleback Church*
Fundador de *Every Man Ministries*

PREFACIO

¡Advertencia! El libro que estás a punto de leer es clasificado PG-13, «¡Solo para hombres!». Este no es un tratado espiritual elevado y sublime, ni es un ensayo teológico aburrido. He escrito este libro tal como hablaría con los hombres de mi iglesia. No está escrito para eclesiásticos súper religiosos que lo saben todo. Está escrito para buscadores que están ansiosos por conocer a Dios. Está escrito para paganos que tienen preguntas sinceras sobre la fe. Está escrito para jóvenes cristianos que están en las trincheras de la batalla espiritual. Está escrito para veteranos espirituales cansados de que el enemigo los golpee.

Si eres un fundamentalista de mente estrecha, te ofenderás. Si eres un fariseo legalista, te sentirás mal. Si prefieres discutir de teología antes que conocer realmente a Dios, entonces te ofenderás. Si te escondes detrás de tus preguntas religiosas sin respuestas, te sentirás agraviado. Si eres un debilucho, te ofenderás. Si tienes que pedirle permiso a tu esposa para leer este libro, ¡definitivamente te sentirás mal!

Esta es una confirmación de la realidad: hay verdaderos goliats en tu camino. Pero la buena noticia es que, mediante Jesucristo, la batalla es de Él. ¿Te interesa saber más? ¡Sigue leyendo!

TODO HOMBRE ESTÁ EN UNA MARCHA ESPIRITUAL

Estaba sentado en la sala del equipo de atletismo de la UCLA (Universidad de California, Los Ángeles), rodeado por los Bruins, un grupo de jugadores de fútbol campeones del Rose Bowl. (Para ustedes, fanáticos de Troya, sí, ¡esto fue hace mucho tiempo!). Nos reunimos esa noche para una reunión patrocinada por Atletas en Acción, un grupo cristiano que trabaja en el recinto de la universidad. Como joven ministro del campus, tuve el privilegio de liderar a muchos de los atletas.

Nuestro orador esa noche, exalumno de UCLA y veterano de la NFL, miró por encima de los jóvenes atletas y señaló una pancarta en la pared. La misma contenía una palabra, escrita en negritas: «BÚSQUEDA». El orador, con la voz de la experiencia, inició su mensaje: «Búsqueda», ¿saben lo que significa? ¡Buscar! Y continuó explicando que la búsqueda más importante en la vida no era el atletismo sino la búsqueda de una relación con Dios a través de Jesucristo.

Años más tarde, y muchos más en el camino de mi propia travesía, concuerdo absolutamente con las palabras de aquel orador. *Buscar a Dios a través de una relación con Jesucristo es el compromiso más importante que un hombre puede hacer.*

Todo hombre está en una marcha espiritual. Puedes estar lleno de preguntas sobre Dios, la Biblia y la vida cristiana, o estar completamente convencido de la realidad de Cristo; de cualquier manera, estás en una travesía espiritual. Algunos hombres han viajado a lo largo del camino, mientras que otros ni siquiera se dan cuenta de que van a alguna parte; pero Dios nos creó a cada uno de nosotros para que lo conozcamos, y de eso es de lo que se trata la vida, de una búsqueda. Leer este libro puede ser el comienzo de tu viaje para conocer a Dios, o puede alentarte a seguir avanzando. Dondequiera que te encuentres en tu camino, entender el viaje puede capacitarte para tomar medidas proactivas en la búsqueda de una relación con Cristo. El apóstol Pablo proclamó:

> Sin embargo, todo aquello que para mí era ganancia, ahora lo considero pérdida por causa de Cristo. Es más, todo lo considero pérdida por razón del incomparable valor de conocer a Cristo Jesús, mi Señor. Por él lo he perdido todo, y lo tengo por estiércol, a fin de ganar a Cristo (Filipenses 3:7-8).

Nuestra búsqueda debe llevarnos al conocimiento de Jesucristo, porque conocerlo a Él es nuestro propósito decisivo en la vida. No solo hablo del conocimiento principal de Dios; me refiero al verdadero conocimiento personal de Él. La palabra que Pablo usa aquí en Filipenses 3 es *epignosis*. Este vocablo describe un conocimiento auténtico, relacional y experimental de algo. En este caso, se refiere al conocimiento auténtico, relacional y experiencial de Cristo.

Cuando mi esposa estaba embarazada de nuestro primer hijo, decidimos hacer un parto natural. Tomamos todas las clases y asumí el papel para el que estaba hecho: ¡entrenador! Aprendí todo sobre el embarazo, el parto y las técnicas de respiración adecuadas.

Era el estudiante estrella en nuestra clase de *Lamaze*, aunque también algo problemático. Recuerdo que nuestro maestro le preguntó a la clase: «¿Qué es la roca pélvica?».

Con el rostro serio, respondí: «Bueno, ¡eso es lo que, en primer lugar, nos trajo aquí!». No hace falta decir que a mi esposa no le agradaba mi humor.

A pesar de mis bromas, tomé todo el proceso muy en serio. Leí el manual, observé las fotografías y me preparé completamente para la labor de parto de mi esposa. Habíamos decidido renunciar a saber el sexo de nuestro hijo, por lo que esperamos hasta el parto para enterarnos si era un niño o una niña. Despejado, tranquilo y sosegado, guie a mi esposa a través de todas las técnicas de respiración del parto natural. Con precisión estudiada, hice todo lo que se esperaba de mí como entrenador.

En medio de la noche, mi esposa despertó y gritó: «¡Se me rompió la fuente!». Recordando nuestro entrenamiento, nos preparamos con calma, arreglamos el ingreso al hospital y esperamos el nacimiento de nuestro primer hijo. Cuando llegó el momento del parto, el médico le dijo a mi esposa que diera un último empujón. Con una fuerza sobrehumana, mi esposa dio a luz a nuestro hijo.

En el momento en que nació, me invadió la alegría y la maravilla del nacimiento. ¡Tenía un hijo! Toda la lectura, preparación y conocimientos teóricos palidecen en comparación con la experiencia real del nacimiento. No solo sabía acerca del parto de mi hijo; lo experimenté en persona.

Hay una gran diferencia entre saber acerca de Dios y conocer realmente a Dios. Todo hombre fue creado para conocer personalmente a Dios, no solo para saber acerca de Él, sino para conocerlo realmente. Nuestra mayor búsqueda es la de Dios. Cuando lo conocemos a través de Jesucristo, compartimos su vida. Jesús dijo: «El ladrón no viene más que a robar, matar y destruir; yo he venido para que tengan vida, y la tengan en abundancia» (Juan 10:10).

¿Te gustaría experimentar una vida abundante? Es posible, si buscas una relación con Jesucristo. Esta búsqueda, sin embargo, tiene sus desafíos. En el peregrinaje espiritual de cada hombre, hay un ladrón que roba, mata y destruye. Hay obstáculos que deben superarse y gigantes que deben ser derrotados. Buscar a Cristo implicará una lucha. Pero ¿a qué hombre no le gusta una buena pelea? Como nos amonesta el apóstol Pablo: «Pelea la buena batalla de la fe; haz tuya la vida eterna, a la que fuiste llamado y por la cual hiciste aquella admirable declaración de fe delante de muchos testigos» (1 Timoteo 6:12).

A medida que empezamos a desplegar las enseñanzas de la Biblia acerca de la búsqueda de Cristo, recuerdo las palabras de mi antiguo entrenador de fútbol: «¡Hombres, sujétense la barbilla con fuerza y dejen volar los mocos!». Con las barbillas en su lugar y una generosa cantidad de moco en el aire, examinemos las realidades espirituales que podemos esperar mientras seguimos a Cristo.

Discusión

Echa un vistazo

Lee Filipenses 3:7-14.

- ¿Por qué crees que Pablo estaba tan obsesionado con conocer a Cristo?
- ¿Qué crees que impulsa a la mayoría de los hombres?

Considera

- ¿Cuál crees que es la diferencia entre saber acerca de Cristo y conocerlo realmente?
- Según Filipenses 3:7-8, ¿qué valor le daba Pablo a conocer a Cristo?
- ¿Qué pondrías en una lista de «cosas que son ganancia para ti»? ¿Crees que conocer a Cristo es mucho más valioso que las cosas que la gente más aprecia?

Hazlo

- En tu travesía espiritual, ¿qué valor le das a conocer a Cristo?
- ¿Qué sería para ti considerar que conocer a Cristo tiene más valor que cualquier otra cosa en tu vida?
- Lee Filipenses 3:12-14. ¿Cómo priorizó Pablo el hecho de conocer a Cristo? Basado en el ejemplo de Pablo, ¿qué prioridad debería tener Cristo en tu vida?
- ¿Cuál es el siguiente paso en tu marcha?

CAPÍTULO 1

HAY GIGANTES EN
EL CAMINO

Hace unos años, algunos amigos y yo fuimos al estreno de media-
noche de la película *300*. Me llamó la atención que solo había
una mujer en el teatro, el cual estaba lleno. Además, ¡no era una
película como para mujeres! ¿Por qué estaba aquel teatro lleno
de hombres? ¡Porque a la mayoría de ellos les encanta una buena
pelea! Los hombres se conectan con las imágenes y los sonidos
de la lucha; lo sentimos en nuestras entrañas. Entendemos la
emoción de la victoria y la agonía de la derrota.

Cuando mi hijo tenía diecisiete años, le pregunté: «¿Cuál es
la escena de pelea que más te gusta de tu película favorita?». Le
presenté tres opciones. La primera fue la escena inicial de *El tesoro
del Amazonas,* protagonizada por Dwayne Johnson, mejor conocido como The Rock. En esta escena, The Rock elimina toda la
línea ofensiva de un equipo de fútbol campeón del Supertazón.

La segunda opción fue la batalla a muerte entre Maximus y Comidus en la película *Gladiador*. En esta lucha culminante, Maximus —interpretado por Russell Crowe—, sufre una herida mortal, y aun así logra derrotar a Comidus. Es una batalla clásica del tipo bueno contra el tipo malo.

La tercera opción que le di fue una escena de *El patriota*, en la que Benjamin Martin —interpretado por Mel Gibson—, saca a veinte soldados británicos con un rifle y un hacha de guerra. Considerando sus opciones, mi hijo tomó una decisión rápida.

Eligió The Rock en *El tesoro del Amazonas*. Es hombre ¡Le gustan las peleas!

Una de las razones por las que me encanta el Antiguo Testamento es porque es un libro de hombres. Si Hollywood convirtiera el Antiguo Testamento en una película, definitivamente no sería una comedia romántica. Desde Génesis hasta Malaquías, está lleno de grandes peleas.

El Antiguo Testamento registra lo bueno, lo malo y lo feo de los hombres de verdad: seres que vivieron, lucharon y murieron como varones.

Mi pelea favorita en el Antiguo Testamento se encuentra en 1 Samuel 17: la historia de David y Goliat. En el relato, encontramos esta declaración: «En cuanto el filisteo avanzó para acercarse a David y enfrentarse con él, también este corrió rápidamente hacia la línea de batalla para hacerle frente» (v. 48). Lleno de testosterona y adrenalina, David se enfiló hacia Goliat con toda su valentía y lo mató. El joven pastor fue el hombre que persiguió al veterano gigante. David conocía a Dios y sabía lo que Él quería que hiciera. Aunque no puedes evitar admirar su confianza y su fe, debes saber que la batalla no comenzó con David.

El conflicto comenzó en el valle de Ela. El rey Saúl y todo el ejército israelita se reunieron a un lado de ese histórico campo de batalla. En el lado contrario a ellos estaban sus enemigos generacionales, los filisteos. Rivales de toda la vida, los israelitas y los filisteos libraron más batallas que Muhammad Ali y Joe

Frazier. Como comandante del ejército de Israel, Saúl gozaba del prestigio de ser un guerrero feroz. Ese día, sin embargo, los filisteos usaron una táctica diferente. Hicieron descender al valle al hombre más grande que ningún israelita había visto en toda su vida. Su nombre era Goliat. Observa la descripción que hace la Biblia de ese guerrero:

> De modo que los filisteos y los israelitas quedaron frente a frente en montes opuestos, separados por el valle.
>
> Luego Goliat, un campeón filisteo de Gat, salió de entre las filas de los filisteos para enfrentarse a las fuerzas de Israel. ¡Medía casi tres metros de altura! Llevaba un casco de bronce y su cota de malla, hecha de bronce, pesaba cincuenta y siete kilos. También tenía puestos protectores de bronce en las piernas y llevaba una jabalina de bronce sobre el hombro. El asta de su lanza era tan pesada y gruesa como un rodillo de telar, con una punta de hierro que pesaba casi siete kilos. Su escudero iba delante de él (1 Samuel 17:3-7, NTV).

Con casi tres metros de altura, el famoso jugador de baloncesto Shaquille O'Neal parecería un pigmeo frente a Goliat. Su armadura pesaba cincuenta y siete kilogramos y la punta de su lanza seis. Mientras escribo esto, peso alrededor de noventa kilos (en caso de que mi esposa esté leyendo esto, debo admitir que exagero con fines literarios y que realmente peso ¡ochenta y cuatro!). Eso significa que la armadura de Goliat únicamente era más de la mitad de mi peso corporal. Sin duda, era el tipo más aterrador que jamás haya existido.

En la escena de apertura de la película *Troya*, Brad Pitt —interpretando el papel de Aquiles—, lucha contra un gigante llamado Boagrius. Este irrumpe en las filas del ejército egeo y, literalmente, cubre la pantalla de cine con su gran tamaño. Con una altura de al menos una cabeza más alta que la de los otros guerreros, destaca como el luchador más grande y malvado del mundo. Nathan Jones, el actor que interpreta a Boagrius, mide dos metros de alto y pesa ciento sesenta kilos; es un hombre realmente muy grande. ¡Goliat, sin embargo, medía más de tres metros! Si el retador de Aquiles causó un silencio en el ejército griego, puedes entender por qué el terror se extendió por todas las tropas israelitas cuando Goliat entró en el valle de Ela y lanzó el siguiente desafío:

> Entonces Goliat se detuvo y gritó mofándose de los israelitas: «¿Por qué salen todos ustedes a pelear? Yo soy el campeón filisteo, pero ustedes no son más que siervos de Saúl. ¡Elijan a un hombre para que venga aquí a pelear conmigo! Si me mata, entonces seremos sus esclavos; pero si yo lo mato a él, ¡ustedes serán nuestros esclavos! ¡Hoy desafío a los ejércitos de Israel! ¡Envíenme a un hombre que me enfrente!». Cuando Saúl y los israelitas lo escucharon, quedaron aterrados y profundamente perturbados (1 Samuel 17:8-11, NTV).

Aterrados y profundamente perturbados. Ahí está: el miedo. El miedo es la emoción más debilitante para la masculinidad del hombre. Nos roba lo que sentimos, lo que significa ser hombre.

Los hombres de Israel fueron intimidados. Se asustaron. Fue una emoción primitiva que penetró hasta lo más íntimo de su ser. Se encontraron con su gigante, el cual los aterrorizó al extremo de que pudieron haber muerto. Todo hombre tiene un goliat. Todo hombre se enfrenta a un gigante en algún momento de su peregrinar. Todos los hombres miran hacia el valle de Ela, y lo que ven al voltear la mirada es aterrador. *Todo hombre tiene que lidiar con gigantes si va a seguir adelante y a tener una relación transformadora con Jesucristo.*

Tu gigante podría ser la duda intelectual. Quieres creer en Dios. Deseas vivir por fe y tener confianza en que Él es real y que tiene el control de tu vida. Entiendes que es más sencillo confiar en la Biblia y en las promesas de Jesús. Si pudieras creer en el cielo y en un juicio final, entonces quizás todo el mal que te rodea podría tener algún significado concluyente. El mensaje del evangelio te parece convincente, pero no puedes comprometerte a creerlo. Tienes preguntas sin responder y dudas persistentes sobre si es verdad. Si esta es tu situación, tu gigante es la duda intelectual.

Tu gigante podría ser el miedo. Tienes un miedo mortal a algo: al cambio, a lo desconocido, a no ser amado, a ser descubierto, a fracasar o a cualquier otra cosa. Te identificas fácilmente con el ejército israelita. El miedo ha dominado tu vida. Eres pasivo-agresivo, tratas de permanecer fuera del radar debido a tu miedo paralizante. Si es así, tu gigante es el miedo.

Tu gigante podría ser el orgullo. Te encanta el hecho de que tienes el control de tu propia vida y no respondes a nadie. Sabes que no eres perfecto, pero por dentro estás seguro de que eres mejor que la mayoría. La canción *«A mi manera»*, de Frank Sinatra, es tu tema preferido. Sabes que deberías ser más humilde, pero tiendes a creer tus propios comunicados de prensa. Puedes tener el peor tipo de orgullo: el religioso; crees que eres más espiritual que los demás. Aunque no lo admitirías, piensas cosas como: *Dios tiene mucha suerte de tenerme de su lado.* Si este eres tú, tu gigante es el orgullo.

Tu gigante podría ser la lujuria. ¡Te encuentras fantaseando con todas las chicas bonitas que conoces y hasta con algunas no tan bonitas! Quieres ser de mente pura y, si estás casado, quieres ser fiel a tu esposa; pero, al mismo tiempo, te sientes esclavo de los pensamientos sexuales. Puedes acarrear cierta vergüenza secreta, en cuanto a una parte de tu vida, que es repulsiva y emocionante a la misma vez. Si no es lujuria sexual, es solo egoísmo personal. ¡Cuidado con el número uno! El yo está profundamente entronizado en tu vida. Si esto te identifica, tu gigante es la lujuria.

Tu gigante podría ser la ira. Todas las mañanas te levantas con un puntaje de nueve en la escala de la ira cuya máxima anotación es diez puntos. Cada frustración, gol bloqueado o inconveniente personal parece llevarte al límite. Si no estás en erupción como un volcán, estás en una emotiva combustión lenta pasivo-agresiva. Las personas cercanas se comportan como si caminaran sobre cristales rotos tratando con desesperación de no alimentar tu volatilidad. Si ese eres tú, tu gigante es la ira.

Todo hombre tiene un gigante. Como Goliat con Saúl y el ejército de Israel, nuestro gigante se burla de nosotros y nos desafía todos los días. Pero recuerda, la historia de David y Goliat termina victoriosamente. Ese relato nos da la esperanza de que podemos ganar nuestras batallas espirituales y purificar la vida que Dios ha planeado para nosotros como hombres. Cuando David se enfrentó a Goliat, el miedo se convirtió en fe a través de la fuerza de Dios:

> [David] Tomó cinco piedras lisas de un arroyo y las metió en su bolsa de pastor. Luego, armado únicamente con su vara de pastor y su honda, comenzó a cruzar el valle para luchar contra el filisteo.
>
> Goliat caminaba hacia David con su escudero delante de él, mirando con desdén al muchacho de mejillas sonrosadas.
>
> —¿Soy acaso un perro —le rugió a David— para que vengas contra mí con un palo?
>
> Y maldijo a David en nombre de sus dioses.

—¡Ven aquí, y les daré tu carne a las aves y a los animales salvajes! —gritó Goliat.

David le respondió al filisteo:

—Tú vienes contra mí con espada, lanza y jabalina, pero yo vengo contra ti en nombre del Señor de los Ejércitos Celestiales, el Dios de los ejércitos de Israel, a quien tú has desafiado. Hoy el Señor te conquistará, y yo te mataré y te cortaré la cabeza. Y luego daré los cadáveres de tus hombres a las aves y a los animales salvajes, ¡y todo el mundo sabrá que hay un Dios en Israel! Todos los que están aquí reunidos sabrán que el Señor rescata a su pueblo, pero no con espada ni con lanza. ¡Esta es la batalla del Señor, y los entregará a ustedes en nuestras manos!

Cuando Goliat se acercó para atacarlo, David fue corriendo para enfrentarse con él. Metió la mano en su bolsa de pastor, sacó una piedra, la lanzó con su honda y golpeó al filisteo en la frente. La piedra se le incrustó allí y Goliat se tambaleó y cayó de cara al suelo.

Así David triunfó sobre el filisteo con solo una honda y una piedra, porque no tenía espada. Después David corrió y sacó de su vaina la espada de Goliat y la usó para matarlo y cortarle la cabeza (1 Samuel 17:40-50, NTV).

A diferencia de Saúl y todos los soldados de Israel, David miró a Goliat a través de una lente del tamaño de Dios en lugar de mirar a Dios a través de una lente del tamaño de Goliat. David «declaró que la batalla pertenecía al Señor», y luego, literalmente, corrió a encontrarse con el gigante. Veamos el versículo 48 una vez más: «Cuando Goliat se acercó para atacarlo, David fue corriendo para enfrentarse con él». Ese es mi versículo favorito en esta historia. David corrió hacia Goliat. David siguió el plan de Dios para su vida. ¿No te gusta eso?

En mi escritorio, tengo una pequeña roca tomada del valle de Ela, en Israel. En esta roca hay inscrita una oración sencilla:

«Y David corrió». David mantuvo su enfoque en Dios, lo que generó una fe segura.

Quiero ser un hombre como David. Quiero correr para encontrarme con los gigantes de mi vida y derrotarlos con la fuerza del Señor. Todo hombre puede correr a la batalla. Todo hombre puede buscar una relación con Cristo pero, para ello, debe enfocarse en Dios y sus recursos ilimitados, y no ser derrotado por los gigantes que encuentre en su camino.

En los próximos capítulos, veremos los cinco gigantes principales que enfrenta cada hombre: la duda intelectual, el miedo, el orgullo, la lujuria y la ira. Estudiaremos cómo se erigen esos gigantes en obstáculos cuando decidimos seguir a Cristo y experimentar la victoria espiritual. También aprenderemos cómo vencer a esos gigantes con la verdad y el poder del evangelio. Armados con la verdad, concluiremos este libro con un plan de juego positivo para buscar a Cristo. Pero antes de mirar a los gigantes específicos que enfrentamos, vamos a echar un vistazo más cercano al goliat que está detrás de todos nuestros gigantes.

Parte de esta discusión puede parecer abrumadora, pero es importante. Cualquiera sea el punto en que estés en tu travesía espiritual, hay un camino victorioso a seguir.

Discusión

Echa un vistazo
Lee 1 Samuel 17:1-11,16, 23-24.

· ¿Cómo describe este pasaje a Goliat y el impacto que tuvo en los hombres de Israel?

· ¿Cuál es la respuesta visceral que tienen la mayoría de los hombres cuando se enfrentan a un gigante en su camino espiritual?

Considera
· Los gigantes tienen el potencial de detener nuestro progreso espiritual. Lee los siguientes pasajes y reflexiona en lo real de la oposición espiritual y su recurso definitivo: Mateo 4:1-11; Efesios 6:10-13; 1 Pedro 5:8-9; 2 Corintios 4:3-4.

· Puesto que la oposición espiritual es una realidad, busca los siguientes pasajes y analiza algunos de los gigantes que todo hombre puede enfrentar: Marcos 4:13-19; 1 Juan 2:15-17; 1 Timoteo 6:9-12; 2 Samuel 11:1-5; Josué 1:6-9.

Hazlo
· ¿Qué tipo de preparativos puede hacer un hombre para enfrentar y vencer a sus gigantes?

· ¿En qué manera nos dan estos versículos la esperanza de triunfar sobre nuestros gigantes: 1 Corintios 15:57; Romanos 9:31-39; 2 Corintios 2:14?

· ¿Qué harás como resultado de este estudio para vivir, hoy y todos los días, triunfante en Cristo?

CAPÍTULO 2

¿CUÁL ES TU GOLIAT?

Buscar a Jesucristo es más que una investigación intelectual sobre el cristianismo. Es una travesía espiritual, con preguntas y respuestas espirituales. Algunos de los más adultos de ustedes quizás recuerden la película *Los caballeros de la mesa cuadrada y sus locos seguidores*. Hay una escena en la película en la que el rey Arturo y su séquito son interrogados por una criatura parecida a un duende antes de que puedan cruzar un puente de una montaña. El guardián del puente hace preguntas extrañas a cada persona que quiere cruzarlo, y sus respuestas determinan si pasarán o serán arrojados a la muerte. Cuando Lancelot, uno de los caballeros del rey Arturo, se acerca al guardián del puente, la pregunta es: «¿Cuál es tu búsqueda?».

Lancelot responde: «Encontrar el Santo Grial».

La búsqueda de una relación con Jesucristo, como la del Santo Grial, es una búsqueda completa, con puentes de montaña y obstáculos tremendos. La Biblia es clara en cuanto a que hay un enemigo que intenta distorsionar la verdad, engañando y esclavizando a cada hombre. Cada uno de nosotros debe enfrentar a los gigantes que se nos oponen.

Según 1 Samuel 17:1-24, Goliat se burló de los ejércitos de Israel, durante cuarenta días. Su implacable intimidación despojó a los israelitas de cualquier asomo de valentía para luchar. Indignado por la pagana acusación contra Israel y su Dios, David aceptó el desafío del gigante y descendió al valle de Ela. Todo hombre tiene un valle de Ela. Como el antiguo Goliat, nuestros gigantes nos confrontan a diario. Cada uno de nosotros debe lidiar con la lujuria de la carne, la lujuria de los ojos y el jactancioso orgullo de la vida. Todos conocemos lo real del fracaso y la lucha personal. Nos hemos enfrentado a gigantes en el pasado y los enfrentaremos en el futuro.

En su novela *Los ángeles asesinos,* Michael Shaara describe los pequeños sucesos que conformaron la confrontación más grande de la Batalla de Gettysburg. Shaara recrea los intercambios de rifles y los combates con bayonetas en la lucha por el control de un pequeño terreno conocido como Little Round Top. Esa pelea aparentemente insignificante se usa para ilustrar cómo la totalidad de la batalla se puede reducir a la experiencia de cada soldado individual. Como un soldado de infantería en la batalla por Little Round Top, la Biblia dice que cada hombre es un guerrero en una lucha espiritual cósmica. Las contiendas que enfrentamos a diario son simplemente pequeñas partes de una guerra más grande que está sucediendo.

Si nunca has estudiado la Biblia, el concepto de Satanás y la guerra espiritual puede parecerte exagerado. Puede parecer una fantasía similar a la de *El señor de los anillos.* Créeme, entiendo tu escepticismo. Pero antes que lo veas desde un punto de vista intelectual, por favor, dame un minuto para explicar lo que la Biblia enseña sobre la guerra espiritual. Espero poder conectar los puntos para que puedas ver cómo esta batalla invisible se relaciona con un hombre que vence a sus gigantes y busca una relación con Dios.

Como leemos en Marcos 4:1-20, Jesús comparó la experiencia de Dios y su reino con un granjero que planta semillas. El objetivo de esta parábola era mostrar que, así como la fecundidad de una semilla es determinada por la calidad del suelo al que llega, lo mismo ocurre con la respuesta de una persona al mensaje de Dios según el tipo de corazón que tenga. Cuando Jesús estaba explicando la parábola a sus discípulos, dejó en claro que Él es el granjero que planta la semilla del mensaje de Dios. Nuestros corazones, la parte más profunda de nuestra personalidad, representan el suelo que acoge la semilla. Dependiendo del tipo de corazón que tengamos, la semilla da fruto o no.

Jesús enseña que hay cuatro tipos de suelo espiritual (en otras palabras, corazones): duro, rocoso, infestado de malezas y bueno. Es el buen corazón el que recibe, cree y aplica el mensaje de Dios. Al describir la dureza del terreno, Jesús dice:

El sembrador siembra la palabra. Algunos son como lo sembrado junto al camino, donde se siembra la palabra. Tan pronto como la oyen, viene Satanás y les quita la palabra sembrada en ellos (Marcos 4:14-15).

Jesús nos dice que Satanás arrebata o quita la palabra antes de que pueda recibirse y transformar la vida de una persona. Creer en Dios y seguir a Cristo es una experiencia espiritual que implica vencer los obstáculos espirituales. Para superar con éxito esos obstáculos, necesitamos escuchar a Dios, pero Satanás quita la palabra engañando a los hombres e influyéndolos para que rechacen la verdad del evangelio.

Hace varios meses, fui al gimnasio a hacer ejercicio y al terminar de ejercitarme pasé un momento a descansar en el *jacuzzi*. Tenía una Biblia vieja conmigo y estaba leyendo el Evangelio de Marcos. Por el rabillo del ojo, pude ver que otro tipo sentado en el *jacuzzi* me estaba observando. Después de unos minutos, habló y preguntó:

—¿Qué estás leyendo?

Sin mucha formalidad, respondí:

—La Biblia.

Después de unos minutos más, preguntó:

—¿Y qué parte de la Biblia estás leyendo?

Otra vez respondí con agrado, aunque con pocas palabras:

—El Evangelio de Marcos.

Luego de una breve pausa preguntó:

—¿Qué estás aprendiendo?

Puse la Biblia a un lado, sonreí y dije:

—Está bien, pero recuerda que me preguntaste.

Le hablé sobre la parábola de los cuatro suelos y la descripción de Jesús acerca del corazón del hombre. Entonces le pregunté:

—¿Qué tipo de tierra eres? ¿Dónde está tu corazón con Dios?

La enseñanza de Jesús es muy simple y muy práctica: algunas personas tienen corazones duros, y la razón es que el diablo ha influido en su incredulidad con una ceguera espiritual. En la misma línea, el apóstol Pablo escribió a la iglesia de Corinto:

Pero, si nuestro evangelio está encubierto, lo está para los que se pierden. El dios de este mundo ha cegado la mente de estos incrédulos, para que no vean la luz del glorioso evangelio de Cristo, el cual es la imagen de Dios (2 Corintios 4:3-4).

El dios de esta época, Satanás, ciega las mentes de los incrédulos para que no puedan ver la luz del evangelio en Cristo. *Satanás es real, y su misión es evitar que rindas tu vida a Dios y recibas a Jesucristo como tu Salvador. Si no tiene éxito con su plan A, evitando que entregues tu vida a Cristo y recibas la salvación, entonces recurre al plan B: te ataca en tu travesía cristiana y trata de evitar que realmente conozcas a Dios.*

Hace un par de años, tuve el privilegio de ir a Sudáfrica en un viaje misionero para hombres. Después de diez días en el área de Ciudad del Cabo, terminamos nuestro viaje con un safari en el Parque Kruger, una de las mayores reservas de caza en África. En nuestra primera mañana en el parque, algunos nos levantamos en la madrugada para abordar unos Jeeps especialmente equipados y aventurarnos en el monte. El sol apenas salía por encima del horizonte cuando nos topamos con manadas de gacelas, ñus y cebras que deambulaban percibiéndose apenas de nuestra presencia. De repente, sin previo aviso, pude sentir que algo cambiaba en la actitud de los animales.

Lo sentí antes de escucharlo: un rugido reverberando en el aire frío y húmedo. Audazmente, caminando por el centro del camino, un león macho se acercó a los animales que pastaban. Allí estaba de nuevo: un fuerte rugido irrumpió en la atmósfera y todos los animales se dispersaron en diferentes direcciones. El tibio aliento del león en el aire húmedo creó una niebla que cubría su boca abierta. Lentamente, el Jeep se movió en paralelo con el león que se acercaba ágilmente. Al igualar su velocidad, pasamos prácticamente inadvertidos al lado del tenso y musculoso cuerpo del animal. Cuando me senté en el borde exterior del Jeep, me di cuenta de que con sus rápidos reflejos el león podría haberme atacado sin previo aviso.

El dominio del león en la escena, tanto con los otros animales como con los pasajeros del Jeep, no dejó dudas de que era ¡el Rey de las bestias! El solo rugido causó una conmoción en el ambiente campestre. El efecto que un león tiene sobre su presa potencial sirve como telón de fondo para las palabras de Pedro en 1 Pedro 5:8: «¡Estén alerta! Cuídense de su gran enemigo, el diablo, porque anda al acecho como un león rugiente, ¡buscando a quién devorar!» (NTV). Tenemos un enemigo más intimidante que cualquier león físico; y quiere devorarnos.

Jesús dijo: «El ladrón no viene más que a robar, matar y destruir; yo he venido para que tengan vida, y la tengan en abundancia» (Juan 10:10). La vida abundante que Jesús ofrece a cada hombre se presenta en contraste con el robo, el asesinato y la destrucción del ladrón. Satanás quiere impedir que los hombres descubran y establezcan una relación personal con Jesucristo. Quiere matar la convicción del hombre por seguir a Cristo y quiere destruir su fe. Satanás es el último goliat. Directa e indirectamente, cada hombre se enfrenta cara a cara con el adversario en el valle de Ela.

En su Carta a los Efesios, el apóstol Pablo advierte sobre la realidad de la batalla espiritual:

> Por último, fortalézcanse con el gran poder del Señor. Pónganse toda la armadura de Dios para que puedan hacer frente a las artimañas del diablo. Porque nuestra lucha no es contra seres humanos, sino contra poderes, contra autoridades, contra potestades que dominan este mundo de tinieblas, contra fuerzas espirituales malignas en las regiones celestiales. Por lo tanto, pónganse toda la armadura de Dios, para que cuando llegue el día malo puedan resistir hasta el fin con firmeza (Efesios 6:10-13).

Pablo escribe: «*Por último*, fortalézcanse con el gran poder del Señor» (énfasis agregado). En otras palabras, todo lo que había escrito hasta ese momento se aplicaba en este encargo final, que es un llamado a luchar y a ganar la batalla espiritual. Todo hombre está involucrado en un conflicto. Según la Biblia, nuestra batalla no es contra carne y sangre, sino contra Satanás y sus demonios. Pablo se refiere a ese intenso ataque satánico como algo ingeniado por «poderes», «autoridades», «potestades que dominan este mundo de tinieblas» y «fuerzas espirituales malignas en las regiones celestiales». Este pasaje describe una jerarquía demoníaca que se desata para atacar y destruir a los creyentes. Pero recuerda, Satanás no es igual a Dios. No es omnipresente ni omnisciente. Es un ángel poderoso pero limitado. Es un ser creado que tiene a su disposición una gran cantidad de ángeles demoníacos que cumplen sus órdenes.

El último goliat de cada uno de nosotros es nuestro adversario, el diablo. Nuestro valle de Ela, el campo de batalla, es la cultura en la que vivimos y el objetivo a atacar es nuestro corazón. El término «corazón», como se usa en la Biblia, representa la parte más profunda de nuestra personalidad. Es donde tomamos nuestras decisiones morales, adoptamos nuestras creencias fundamentales y elegimos nuestros amores más insondables. La Biblia nos exhorta: «Por sobre todas las cosas cuida tu corazón, porque de él mana la vida» (Proverbios 4:23). Todo lo que somos, lo que amamos y con lo que nos comprometemos fluye de nuestro corazón. Es en los pensamientos de nuestro corazón que luchamos con nuestros gigantes más grandes. Nuestras dudas, miedos, deseos, acusaciones y objeciones se anidan en el corazón. Desde nuestro corazón, elegimos rechazar a Cristo y su plan de salvación o rendirnos a Dios y seguir activamente a Cristo. El profeta Jeremías afirma:

> El corazón humano es lo más engañoso que hay, y extremadamente perverso. ¿Quién realmente sabe qué tan malo es? Pero yo, el SEÑOR, investigo todos los corazones y examino las intenciones secretas. A todos les doy la debida recompensa, según lo merecen sus acciones (Jeremías 17:9-10, NTV).

No tenemos claridad en cuanto a nuestros corazones, solo Dios nos conoce realmente a ese nivel. Es por eso que nuestros corazones son vulnerables a las luchas espirituales, los conflictos relacionales y la duda. Conquistamos a nuestros gigantes cuando nuestros corazones se entregan a Dios y buscamos a Cristo.

Nuestra batalla con nuestros gigantes se libra más intensamente en nuestros pensamientos. Podemos tener grandes pensamientos acerca de Dios y ganar confianza en nuestra fe, o podemos ceder ante la duda y la tentación y volvernos como los israelitas, paralizados por el miedo. Al comentar sobre el poder de nuestros pensamientos, Pablo dice:

> Los que viven conforme a la naturaleza pecaminosa fijan la *mente* en los deseos de tal naturaleza; en cambio, los que viven conforme al Espíritu fijan la *mente* en los deseos del Espíritu. La *mentalidad* pecaminosa es muerte, mientras que la *mentalidad* que proviene del Espíritu es vida y paz. La *mentalidad* pecaminosa es enemiga de Dios, pues no se somete a la ley de Dios, ni es capaz de hacerlo (Romanos 8:5-7, énfasis añadido).

Nótese el énfasis de Pablo en la mente. Lo que permitimos que controle nuestras mentes y llene nuestros pensamientos da forma a la perspectiva que tendremos acerca de la vida. Inevitablemente, nuestros pensamientos influyen en nuestras palabras y acciones. Cuando los gigantes de la duda, el miedo, el orgullo, la lujuria o la ira capturan nuestras mentes, cobran impulso en nuestro ser como una bola de nieve que se agiganta al rodar cuesta abajo. Nuestros pensamientos son la clave tanto de nuestros conflictos como de nuestras victorias.

Imagínalo de esta manera: estás en un campamento con un par de amigos. No hay agua purificada, por lo que debes hervir agua para beber. Instalas tu estufa Coleman, enciendes el gas y pones una olla de agua. Muy pronto el agua hierve y comienza a salir vapor de la olla. Digamos, en aras de la discusión, que no quieres que salga vapor de la olla. Entonces, buscas una tapa y la pones encima del agua hirviendo. Eso funciona por un tiempo, pero a medida que aumenta la presión en la olla, el vapor escapará inevitablemente. Puedes intentar encontrar una tapa más pesada, pero ¿qué más podrías hacer para evitar que salga vapor de la olla? Lo único que funcionaría, ¡apagar el fuego! Aquí está la analogía: el fuego representa nuestros pensamientos, el agua simboliza nuestras emociones y el vapor nuestras acciones. El fuego de nuestros pensamientos hierve el agua de nuestras emociones, que luego produce el vapor de nuestras acciones. Lo que pensamos controla nuestros sentimientos e influye en nuestro comportamiento. Existe una relación inseparable entre nuestros pensamientos, nuestros sentimientos y nuestras acciones.

¿Recuerdas la historia de David y Goliat? Saúl y el ejército israelita vieron a Goliat como descomunal y aterrador; por lo tanto, Dios parecía pequeño. Sus pensamientos generaron sentimientos de miedo que los llevaron a la pasividad y la inacción. David, por otro lado, tenía grandes pensamientos acerca de Dios, lo que hacía que Goliat se viera pequeño. Sus pensamientos inspiraron confianza y condujeron a la acción impulsada por la fe. Nuestros pensamientos representan los medios por los cuales nuestros gigantes nos atacan, y también los medios por los cuales debemos luchar. Cuando la duda, el miedo, el orgullo, la lujuria y la ira levantan sus grotescas cabezas, lo hacen con toda una serie de pensamientos diseñados para derrotarnos. Reconocer que la batalla se libra en los pensamientos de nuestros corazones es el primer paso para enfrentar y conquistar a nuestros gigantes.

Según el Evangelio de Juan, «Dijo entonces Jesús a los judíos que habían creído en él: Si vosotros permaneciereis en mi palabra, seréis verdaderamente mis discípulos; y conoceréis la verdad, y la verdad os hará libres» (Juan 8:31-32, RVR1960).

Permanecer en la Palabra de Jesús es un requerimiento para ser uno de sus discípulos. Los verdaderos seguidores de Jesús aceptan su Palabra, creen en su Palabra y practican su Palabra. La Palabra de Jesús es la verdad que nos hace libres. Todo hombre cree en la verdad y es liberado, o cree en la mentira y está en cautiverio.

Los gigantes nos mienten. El goliat de la duda nos miente y creemos que no hay evidencia para confiar en Jesucristo. El goliat del miedo nos miente y nuestras circunstancias nos intimidan. El goliat del orgullo nos miente y creemos en nuestros propios comunicados de prensa. El goliat de la lujuria nos miente y creemos que debemos obtener el objeto de nuestro deseo. El goliat de la ira nos miente y nos sentimos plenamente justificados para expresar nuestros sentimientos. Todo hombre se enfrenta a Goliat, porque cada uno de ellos trata con los gigantes que moran en sus pensamientos. Es solo cuando aceptamos la verdad de Jesucristo y permanecemos en su Palabra que podemos conquistar a nuestros gigantes.

David era un hombre como nosotros y conquistó a su gigante. David no solo era guerrero, también era poeta y compositor. Muchos de sus poemas y canciones están registrados en la Biblia, en el libro de los Salmos. Estos salmos son los reflejos personalizados de David mientras meditaba en Dios y en su Palabra. David tuvo grandes pensamientos sobre Dios. Elevó grandes oraciones a Dios. E intentó grandes cosas para Dios. David corrió a la batalla porque sabía que esta le pertenecía al Señor. Al igual que David, necesitamos renovar nuestras mentes con la verdad. Cuando pensamos y creemos en el poder y la gracia de Jesucristo, nuestros gigantes comienzan a parecer pequeños. Es la verdad de Cristo y su Palabra lo que nos hace libres. Todo hombre se enfrenta a gigantes y puede conquistarlos si conoce la verdad.

Hace varios años, mi hija vio una película de terror con algunas escenas realmente intensas. Mientras se preparaba para acostarse, me dijo que temía a las pesadillas. Parte de nuestra práctica a la hora de dormir era leer la Biblia y orar juntos. En esa ocasión, le sugerí que leyera 1 Samuel 17. Esperé unos quince minutos y luego fui a su habitación a orar. La conversación que sostuvimos ella (Ashton) y yo (J. P.) fue algo como lo que sigue:

YO: «Entonces, ¿qué piensas de 1 Samuel 17?»
ASHTON: «Es la historia de David y Goliat, papá».
YO: «¿Qué hicieron los israelitas cuando vieron a Goliat?».
ASHTON: «Tenían miedo de pelear».
YO: «¿Sabes por qué?».

ASHTON: «Goliat parecía demasiado grande».

YO: «¿Crees que era demasiado grande para Dios?».

ASHTON: «No».

YO: «¿Miraban los israelitas a Dios o a Goliat?».

ASHTON: «Estaban mirando a Goliat».

YO: «¿Y David? ¿A quién miró?».

ASHTON: «Miró a Dios».

YO: «¿Cómo lo sabes?».

ASHTON: «Porque David dijo que la batalla le pertenecía a Dios y que Él lo ayudaría a ganar».

YO: «Así es y, debido a que David tenía fe en Dios, Goliat parecía pequeño».

Continué explicándole que, si ella se despertaba en medio de la noche con un mal sueño, debía pensar en cuán grande es Dios. Debe recordarse a sí misma que Él es poderoso y que la ama. Debe recordar que Dios es su protector y que Jesús vive dentro de ella y nunca la dejará. Oramos y se durmió profundamente.

Mi hija tenía doce años y entendió la realidad de la batalla espiritual. También comprendió el poder de la verdad para conquistar a sus gigantes.

Satanás quiere derrotarnos en el área de nuestra mente. Quiere esclavizarnos a través de los goliats de la duda, el miedo, el orgullo, la lujuria y la ira. Dios, por otro lado, quiere liberarnos. Quiere renovar nuestras mentes y darnos la victoria espiritual. Recuerda lo que dice Romanos 8:6 (NTV): «Por lo tanto, permitir que la naturaleza pecaminosa les controle la mente lleva a la muerte. Pero permitir que el Espíritu les controle la mente lleva a la vida y a la paz». Podemos elegir lo que pensamos y lo que creemos. Podemos permanecer en la Palabra de Jesucristo y ser liberados, o podemos ser víctimas de nuestros propios gigantes.

Seguir a Jesucristo requiere una determinación tenaz. Todo hombre debe elegir seguir adelante y superar cualquier obstáculo que se interponga en su camino. Cuando estaba en la escuela secundaria, el campeón estatal velocista en las carreras de 100 y 220 yardas compitió en nuestra liga. Se llamaba Millard Hampton y recibió una medalla de oro en los Juegos Olímpicos. En segundo lugar, detrás de Hampton en la competencia de la liga, estaba un atleta de pista de mi escuela secundaria llamado Winston Wingfield. Winston no fue tan rápido como Millard Hampton, pero era muy rápido, y lo daba todo cuando corría.

Cuando salió el anuario escolar de la clase superior, todos los miembros del Club Lettermen buscaron la sección de deportes para ver si podían encontrar alguna foto de ellos. En la sección de pista y campo había fotos de Winston ganando varias carreras. Sin embargo, una imagen en particular parecía un poco extraña. Si la mirabas lo suficiente, la peculiaridad se hacía evidente. La imagen era de Winston a toda velocidad y, notablemente en su muslo, se veía sobresalir —de sus pantalones cortos— sus genitales. Así es; ¡Winston estaba literalmente corriendo con bolas! Metafóricamente, esa es la única forma de ganar una competencia, y la única manera de buscar una relación con Cristo. Debemos buscar a Cristo, a pesar de los obstáculos, con toda la energía intelectual, emocional y espontánea que tengamos.

Uno de los grandes privilegios de ser hombre es la energía masculina que Dios nos dio. La mayoría de los hombres desperdician o abusan de su masculinidad. Dios quiere que usemos la energía que nos ha dado para invertirla en una constante búsqueda de Jesucristo y su reino. La promesa de Dios es clara:

> Pues yo sé los planes que tengo para ustedes —dice el Señor—. Son planes para lo bueno y no para lo malo, para darles un futuro y una esperanza. En esos días, cuando oren, los escucharé. Si me buscan de todo corazón, podrán encontrarme (Jeremías 29:11-13, NTV).

Cuando buscamos a Dios, lo encontramos. Si corremos en búsqueda de Jesucristo, obtendremos el conocimiento de Dios y seremos transformados para convertirnos en hombres como Jesús.

Como en cualquier viaje, la clave es seguir poniendo un pie delante del otro. Una cosa que puede retrasarnos e incluso detener nuestro progreso por completo es la duda intelectual. Para seguir a Jesús, debemos estar convencidos de que el evangelio es verdadero y que su Palabra es confiable. En el próximo capítulo, descubriremos cómo vencer al goliat de la duda intelectual.

Discusión

Echa un vistazo

Lee 1 Samuel 17:1-11,41-51.

· ¿Cómo describirías al gigante que enfrentó David?

· Cada hombre debe enfrentar su propio goliat. ¿Cuáles son algunos de los goliats que enfrentan los hombres?

Considera

· Lee los siguientes versículos y discute sobre algunos de los goliats que enfrentan los hombres: Efesios 6:10-13; 2 Samuel 11:1-5; 1 Juan 2:15-17; Santiago 4:1-7.

· La Biblia revela que el prototipo de todos los goliats es Satanás. ¿Cómo con esa declaración? ¿Qué opinas sobre la realidad de la guerra espiritual?

· En este capítulo, sugiero cinco goliats principales que enfrentan los hombres: duda, miedo, orgullo, lujuria e ira. Discute cada uno de estos y comenta por qué pueden ser goliats en la vida de los hombres.

Hazlo

· Cuando nos enfrentamos a un goliat, ¿crees que somos víctimas indefensas? ¿Cómo puede un hombre rendirse a Dios y experimentar la ayuda divina para triunfar?

· ¿Cuál es tu próximo paso para enfrentar y derrotar a los goliats en tu vida?

CAPÍTULO 3

ENFRENTA AL GOLIAT DE LA DUDA INTELECTUAL

Mi hijo practicaba dos deportes en la escuela secundaria, competía tanto en fútbol americano como en lucha libre. A diferencia del primero, la lucha es un deporte individual. Cuando hay una pelea, solo tu oponente y tú están en el cuadrilátero. Una de las escuelas de la liga de mi hijo era una institución cristiana privada, Calvary Chapel; una de las mejores escuelas de lucha libre en el estado de California. Los jóvenes del equipo no solo son atletas sobresalientes sino también cristianos consagrados. En cierta temporada en la que participó mi hijo, uno de los luchadores de Calvary Chapel ganó el campeonato estatal y luego fue campeón nacional.

La noche de su encuentro, me senté en las gradas con otros padres. Al ver una cara familiar, le pregunté: «¿Quién de los que están luchando esta noche es tu hijo?». En la esquina del gimnasio estaba el futuro campeón nacional. Era un chico con un cuello enorme y unos bíceps abultadísimos. Llevaba una camisa con letras negras que decía: JESÚS.

En respuesta a mi pregunta, el padre tartamudeó, señaló la esquina del gimnasio y dijo un tanto nervioso: «¡Jesús!»

Me reí y le dije: «Si tu hijo está luchando con Jesús, entonces seguramente va a perder». Esa noche, todos se enfocaron en Jesús, como debería ser nuestra actitud cada día si queremos derrotar a nuestros goliats.

Nuestra fe se fortalece cuando el enfoque está en Jesucristo. El apóstol Pedro entendió eso cuando caminó sobre el agua (ver Mateo 14:22-33). ¿Recuerdas ese milagro? En medio de la noche, Jesús salió de tierra firme, cruzó el Mar de Galilea y se encontró con los discípulos en un bote a la deriva. En realidad, hubo dos milagros: el primero fue Jesús caminando sobre el agua y el segundo fue Pedro, caminando también sobre el agua. Enfocando su atención en Jesús y obedeciendo la orden del Maestro, Pedro salió del bote y comenzó a caminar sobre la superficie del agua. Sin embargo, como nos dice el texto, Pedro pronto comenzó a sentir el viento y a mirar las olas, quitando los ojos de Jesús. Cuando hizo eso, ¡comenzó a hundirse! Al igual que Pedro, cuando miramos a Jesús, nos fortalecemos en la fe. También como Pedro, cuando quitamos los ojos de Jesús, la fe es vencida por la incredulidad. ¿Dónde está tu enfoque? ¿Estás mirando a tu gigante o a Dios? Derrotar a los gigantes y seguir a Cristo requiere un enfoque del tamaño de Dios.

Lo que creemos acerca de Dios determina si vivimos por miedo o por fe. ¿Cuál es tu visión de Dios? La fe bíblica comienza con una visión adecuada de Dios: «En realidad, sin fe es imposible agradar a Dios, ya que cualquiera que se acerca a Dios tiene que creer que Él existe y que recompensa a quienes lo buscan» (Hebreos 11:6). Vivir por fe significa que creemos que Dios es lo que dice ser. No puedes confiar en alguien si no lo conoces. Un hombre nunca le entregaría las llaves de su auto nuevo a un extraño en la calle y le diría: «Conduce todo lo que quieras y tráemelo al final del día». No, un hombre razonable querría algunas garantías de que su auto va a ser manejado adecuadamente. La confianza, otra palabra para fe, siempre es proporcional a nuestro conocimiento. Para tener fe en Dios, debemos saber quién es y lo que ha prometido.

La fe se aferra a lo que es verdad acerca de Dios y actúa en concordancia con sus promesas. La fe siempre está activa. David tenía un historial con Dios. Había visto la manera en que le había sido fiel en el pasado y creía que también iba a ser fiel en el presente. David puso en práctica su fe y se enfrentó a su gigante. Sabía que la batalla pertenecía al Señor, ¡así que corrió presto a ella!

El día que David fue al campo de batalla, miles de israelitas quedaron paralizados por el miedo. David vio a Goliat y se fortaleció en la fe, pero los que lo rodeaban estaban congelados por la duda. La duda intelectual puede ser un gigante que neutraliza la búsqueda de Dios por parte de un hombre. He descubierto que el corazón no puede alegrarse de lo que la mente rechaza. La fe debe tener hechos que la respalden.

Muchas personas comparan la fe con «dar un salto a ciegas». Entienden que la fe significa que creen algo, aunque no hay evidencia que respalde esa creencia. De hecho, existe una extraña idea de que, para que la fe sea tal cosa, debe haber una ausencia total de hechos que la respalden. Esta noción es completamente ajena a la Biblia. El tipo de fe descrita en las Escrituras no es fe a pesar de la evidencia sino fe *en la evidencia*.

Hace algún tiempo, estaba en el gimnasio haciendo ejercicios y, como es mi costumbre, terminé mi entrenamiento pasando un rato en el jacuzzi. Al lado de este hay una piscina de entrenamiento en la que un joven nadaba con evidente habilidad y experiencia. Cuando terminó, le pregunté si era nadador profesional.

—No, juego polo acuático en la universidad.

Hablamos un rato sobre el polo acuático y luego le pregunté qué estaba estudiando.

—Soy especialista en filosofía y estoy escribiendo un artículo sobre Søren Kierkegaard.

Puesto que conocía un poco de Kierkegaard, le pregunté si sabía que él era cristiano.

—Bueno, sabía que era religioso, pero no conozco mucho sobre su fe.

Le expliqué que Kierkegaard es conocido por ser existencialista y se le atribuye haber acuñado la frase «La religión es un salto ciego de fe». Continué explicándole que la forma en que Kierkegaard usó esa frase no tiene que ver nada con la manera en que las personas la aplican hoy. Kierkegaard estaba tratando de hacer que las personas tuvieran una fe sincera y no simplemente una ortodoxia intelectualmente muerta. Hoy usamos la frase para implicar que la religión no tiene base en hechos intelectuales.

Me pregunto si el joven se estaba burlando de mí o si estaba realmente interesado en el planteamiento, porque me formuló la siguiente pregunta:

—Bueno, ¿no son la fe y los hechos mutuamente excluyentes?

Mi respuesta lo sorprendió. Le expliqué que la fe bíblica se basaba en la evidencia. Debemos poner nuestra fe en los hechos, no ejercer fe a pesar de los hechos.

Seguí explicándole que el evangelio de Jesucristo era un mensaje que afirmaba proposiciones históricas, teológicas y espirituales clave. Esas proposiciones eran verdaderas o falsas. La fe bíblica consiste en aceptar la verdad del evangelio, personalizar esa verdad y actuar de acuerdo con ella. Como estábamos a la intemperie, junto a la piscina, señalé un banco cercano y le pregunté:

—¿Qué pasaría si te dijera todas las especificaciones para hacer ese banco? ¿Qué ocurriría si tuviera pruebas de que el banco es hecho con material confiable y que fue probado en la fábrica para soportar el peso de una persona de doscientos cincuenta kilogramos?

El joven escuchó y dijo:

—Bien.

Luego le pregunté:

—¿Crees que ese banco podría soportar tu peso si te sientas en él?

Él razonó en voz alta:

—Bueno, peso alrededor de cien kilos, seguro que me sostendrá.

—¿Tienes fe en que, si te sientas en el banco, te sostendrá?

—Sí, lo creo —respondió.

Solo lo miré por un rato. Comenzó a sentirse un poco incómodo. Lo miré, luego observé el banco y le dije:

—No creo que tengas fe en que el banco soportará tu peso.

—No —replicó—, sí lo creo.

Todavía mirándolo, le dije:

—No tienes una fe bíblica.

Pensó por un momento y luego caminó hacia el banco y se sentó.

—¡Ajá! —le dije con autoridad— ¡*ahora* tienes fe bíblica!

Le expliqué que la fe bíblica era una acción basada en la evidencia. Estaba siendo persuadido por la verdad intelectualmente, recibiendo esa verdad emocionalmente y actuando sobre esa verdad voluntariamente. Si no conocemos los hechos del evangelio, o si dudamos de la veracidad de los hechos, nuestra fe será inexistente o débil y anémica.

La forma de fortalecer la fe es estudiar los hechos. Nuestro enemigo lo sabe. Goliat es un engañador, y uno de sus métodos de ataque es crear dudas. Nos trata como si fuéramos hongos: nos deja en la oscuridad, ¡comiendo excremento! Cuando encontramos dudas intelectuales, necesitamos volver a la verdad del evangelio: Jesucristo vivió, murió y resucitó. El cristianismo es verdadero porque Jesús es verdadero. La duda crece en un ambiente de ignorancia. La fe florece en un ambiente de verdad. Jesús dijo: «Y conocerán la verdad, y la verdad los hará libres» (Juan 8:32).

El apóstol Pablo escribió: «Así que la fe es por el oír, y el oír, por la palabra de Dios» (Romanos 10:17, RVR1960). Cuando saturamos nuestras mentes con la Palabra de Dios, la verdad nos libera, y la duda es reemplazada por la fe.

Pablo ilustra este paradigma —poner nuestra fe en los hechos— en su Primera Carta a los Corintios. Dedica todo el capítulo quince de esa epístola a la verdad de la resurrección de Cristo. En efecto, Pablo dice que la resurrección es la verdad por excelencia que comprueba la fiabilidad del cristianismo y disipa todas las dudas:

> Porque ante todo les transmití a ustedes lo que yo mismo recibí: que Cristo murió por nuestros pecados según las Escrituras, que fue sepultado, que resucitó al tercer día según las Escrituras, y que se apareció a Cefas, y luego a los doce. Después se apareció a más de quinientos hermanos a la vez, la mayoría de los cuales vive todavía, aunque algunos han muerto. Luego se apareció a Jacobo, más tarde a todos los apóstoles, y, por último, como a uno nacido fuera de tiempo, se me apareció también a mí. Admito que yo soy el más insignificante de los apóstoles y que ni siquiera merezco ser llamado apóstol, porque perseguí a la iglesia de Dios. Pero por la gracia de Dios soy lo que soy, y la gracia que él me concedió no fue infructuosa. Al contrario, he trabajado con más tesón que todos ellos, aunque no yo, sino la gracia de Dios que está conmigo. En fin, ya sea que se trate de mí o de ellos, esto es lo que predicamos, y esto es lo que ustedes han creído (1 Corintios 15:3-11).

Las verdades más importantes del evangelio son que Cristo murió por nuestros pecados y que resucitó de entre los muertos. Pablo describe diversos testigos presenciales de la resurrección de Cristo. Esta no fue una historia mitológica sino un hecho histórico. Pablo mismo tuvo un encuentro con el Cristo resucitado. El evangelio que predicó, el evangelio que estos primeros cristianos creían, era un evangelio basado en los hechos de la muerte y resurrección de Cristo.

El apóstol Pablo continúa explicando por qué el hecho de la resurrección de Cristo es esencial para el evangelio. Su argumento es que no es suficiente que creamos que sucedió; la resurrección debe ser verdadera para que nuestra fe sea potente y transformadora. La fe debe tener un objeto confiable. ¡Ponemos nuestra fe en los hechos! En 1 Corintios 15:12-19, Pablo desarrolla su tesis:

> Ahora bien, si se predica que Cristo ha sido levantado de entre los muertos, ¿cómo dicen algunos de ustedes que no hay resurrección? Si no hay resurrección, entonces ni siquiera Cristo ha resucitado. Y, si Cristo no ha resucitado, nuestra predicación no sirve para nada, como tampoco la fe de ustedes. Aún más, resultaríamos falsos testigos de Dios por haber testificado que Dios resucitó a Cristo, lo cual no habría sucedido si en verdad los muertos no resucitan. Porque, si los muertos no resucitan, tampoco Cristo ha resucitado. Y, si Cristo no ha resucitado, la fe de ustedes es ilusoria y todavía están en sus pecados. En este caso, también están perdidos los que murieron en Cristo. Si la esperanza que tenemos en Cristo fuera solo para esta vida, seríamos los más desdichados de todos los mortales.

Pablo comienza asumiendo la perspectiva del escéptico. Si no existe la «resurrección de entre los muertos», entonces nunca podría haber sucedido un ejemplo específico de resurrección. Pablo argumenta a partir de la premisa mayor hasta la menor. Si no hay una categoría de resurrecciones milagrosas, entonces cualquier supuesto fenómeno que se presente como una resurrección no podría existir.

Esta es precisamente la filosofía del naturalismo. El naturalismo materialista niega lo sobrenatural, afirma que vivimos en un sistema cerrado y explica todos los fenómenos basados en datos que existen dentro del sistema. El naturalismo niega la existencia de Dios, rechaza el evangelio y afirma que no hay milagros. Si una persona se suscribe a esta cosmovisión, considerará que la idea de la resurrección de Cristo es inadmisible. Sin embargo, esta conclusión no se basaría en la evidencia sino en la visión filosófica del mundo que interpreta la evidencia. Los naturalistas rechazan o dudan de la resurrección de Cristo porque tienen una visión preconcebida que sesga la comprensión de sus hechos.

Pablo continúa su argumento discutiendo las implicaciones que genera rechazar la resurrección de Cristo. Si Cristo no resucitó de los muertos, entonces la predicación y la fe son inútiles; no tienen valor ni impacto eterno. Si Cristo no resucitó de los muertos, entonces Pablo y los otros apóstoles fueron testigos falsos. Dijeron que vieron a Cristo después de su resurrección, por lo que, si no fue resucitado, entonces son unos mentirosos. Si Cristo no resucitó de los muertos, entonces nuestra fe es inútil y aquellos que hemos confiado en Cristo todavía estamos atrapados en nuestros pecados. Si Cristo no resucitó de los muertos, entonces los que se han quedado dormidos, un eufemismo para la muerte de Pablo, se pierden para siempre. Pablo declara que, si hemos esperado la resurrección de Cristo, pero en realidad no sucedió, entonces deberíamos sentir lástima. Con ello trataba de demostrar que no es suficiente creer que sucedió. Nuestra fe no está basada en la fe; nuestra fe está basada en los hechos de la muerte y la resurrección de Cristo. El poder transformador que yace tras nuestra fe es que está enraizada en la verdad. Es la verdad lo que nos libera y es la verdad lo que derrota al goliat de la duda intelectual.

Comprendiendo la naturaleza y el poder de la verdad, Pablo responde a su intento de distracción con una afirmación de la certeza de la resurrección de Cristo. Este es el fundamento del cristianismo:

> Lo cierto es que Cristo ha sido levantado de entre los muertos, como primicias de los que murieron. De hecho, ya que la muerte vino por medio de un hombre, también por medio de un hombre viene la resurrección de los muertos. Pues así como en Adán todos mueren, también en Cristo todos volverán a vivir (1 Corintios 15:20-22).

La duda intelectual debe ser llevada al tribunal de la verdad. Cuando abrigamos nuestras dudas, se convierten en miedos debilitantes; por lo que nuestro goliat nos intimida para que rechacemos a Cristo. Las dudas sinceras se desvanecen cuando están empapadas con la verdad de la Palabra de Dios y los hechos históricos. Cristo ha resucitado. Su resurrección fue atestiguada por numerosos testigos oculares. Pablo mismo se encontró con el Cristo resucitado. Debido a que Cristo ha resucitado, y porque hemos puesto nuestra fe en Él, su verdad nos hace libres.

Es probable que alguien diga: «Pero simplemente estás aceptando la respuesta de la Biblia. No estás explorando todas las otras opciones». Sin duda, muchos de los que rechazan a Cristo han tratado de explicar el relato bíblico de la resurrección. Por tanto, debemos preguntarnos: «¿Qué datos respaldan los hechos?». La evidencia de la muerte y resurrección de Cristo la podemos encontrar en cada uno de los cuatro evangelios del Nuevo Testamento. Además, el libro de los Hechos y las cartas del Nuevo Testamento dan fe del hecho de que los discípulos de Jesús creyeron y predicaron a otros la resurrección de Cristo. El investigador objetivo y el hombre que lucha con la duda deben mirar los hechos históricos y llegar a una decisión inteligente basada en la evidencia.

Según la Biblia, los hechos cruciales sobre la muerte y resurrección de Jesús son los siguientes:

- Las Escrituras hebreas (Antiguo Testamento) predicen la muerte y resurrección del Mesías (ver Salmos 16; Isaías 53).
- Jesús predijo, en numerosas ocasiones, su propia muerte y resurrección (ver Mateo 16:21).
- Jesús fue traicionado por Judas; entregado a los principales sacerdotes para su interpelación; e interrogado, golpeado y azotado por Pilato, como habrás visto en la película *La pasión de Cristo* (ver Mateo 26:57—27:31).
- Las multitudes pidieron a gritos que Jesús fuera ejecutado (ver Juan 19:1-6).
- Jesús, según la ley romana, fue clavado en una cruz para ser crucificado. La víctima, debilitada por la tortura y la pérdida de sangre, no podía levantar su cuerpo para poder respirar y, por lo tanto, moría de asfixia (ver Marcos 15:20-41).
- Un verdugo romano certificó que Jesús estaba muerto y con una lanza traspasó la cavidad de su pecho. De la herida fluyó sangre y agua, lo que indicaba una hemorragia interna masiva (ver Juan 19:31-37).
- Jesús fue ungido para la sepultura y envuelto en más de treinta kilogramos de vendas parecidas a las de las momias (ver Juan 19:38-42).
- El cuerpo de Jesús fue colocado en una tumba sobre la que se puso una piedra enorme para bloquear la entrada (ver Marcos 15:46).
- La tumba fue cerrada con un sello romano y una guardia de soldados fue puesta frente a ella (ver Mateo 27:62-66).
- Tres días después, la tumba estaba vacía y la piedra se había movido a una gran distancia (ver Marcos 16:1-8).
- Jesús apareció en muchas ocasiones, y en muchas audiencias, mostrando que estaba vivo. En una ocasión,

apareció ante más de quinientos testigos oculares simultáneamente (ver 1 Corintios 15:3-11).

· Jesús ascendió corporalmente al cielo a la vista de los apóstoles (ver Hechos 1:9-11).

· Jesús resucitado se le apareció a Saulo de Tarso, un fariseo judío. Saulo se convirtió en un devoto seguidor de Cristo y en un apóstol, y su nombre fue cambiado por el de Pablo (ver Hechos 9).

· Testificar de la resurrección de Cristo transformó la vida de doce hombres temerosos, convirtiéndolos en apóstoles que cambiaron el mundo que les rodeaba (ver Hechos 1–12).

· La resurrección de Jesucristo es el fundamento del evangelio que ofrece perdón de pecados, vida nueva y esperanza en el cielo (ver 1 Corintios 15).

Ya sea que Jesús haya resucitado de entre los muertos o no. Si no lo hizo, debe haber otra explicación plausible para el relato de la resurrección. ¿Cuáles son las posibilidades? Aquí hay cuatro opciones que los escépticos y otros han presentado:

1. *Jesús realmente no murió.* Más que morir en la cruz, lo que le pasó a Jesús fue que se desmayó. Una vez en la tumba la humedad lo revivió y luego apareció a los discípulos, que erróneamente pensaron que había resucitado de entre los muertos. Esta teoría se desglosa en varios hechos. En primer lugar, ¡la crucifixión mataba personas! La víctima literalmente moría sofocada. En el caso de Jesús, fue clavado en la cruz, no simplemente atado con cuerdas. Un verdugo romano le atravesó el costado con una espada y certificó su muerte. Estaba envuelto con alrededor de cuarenta kilogramos de especias rituales y vendas de lino. Fue colocado en una tumba con una enorme piedra resguardando la

entrada. A un guardia romano se le encargó vigilar el exterior de la tumba. Luego, en múltiples ocasiones durante un período de cuarenta días, se les apareció a los discípulos como el Señor de la vida. Ascendió hasta desaparecer en frente de sus ojos y entrar al cielo. Esos hechos, registrados por múltiples testigos presenciales, refutan la afirmación de que Jesús no murió.

2. *Jesús no fue a la cruz.* Algo parecido a Jesús tomó su lugar. Las apariciones «resucitadas» las efectuaba un Jesús perfectamente sano que nunca sufrió crucifixión alguna y, por lo tanto, no necesitaba ser resucitado de entre los muertos. Insisto, este punto de vista tiene serias fallas. Lo más importante es que eso convertiría a Jesús en autor de una mentira. Sería el autor intelectual de un gran engaño religioso. Los apóstoles también serían mentirosos. Los soldados romanos que experimentaron el milagro de la resurrección también lo serían. Este punto de vista ignora la evidencia y la precisión del testimonio de testigos oculares.

3. *Los discípulos robaron el cuerpo, inventaron la historia de la resurrección y luego la predicaron a otros.* Esta visión nos haría creer que los discípulos urdieron una gran trama religiosa. De alguna manera atacaron físicamente a la guardia romana y guardaron el secreto hasta sus muertes, como mártires. Eso es, los discípulos fueron asesinados por su fe. Es cierto que hay gente que muere por una mentira, pero fue una mentira que creían que era verdad. Esta teoría afirma que los discípulos propagaron una mentira y que nunca la denunciaron, ni siquiera para salvar sus propias vidas. ¿Será posible que no una sola persona sino muchas, al enfrentarse a la opción de decir la verdad prefieran la tortura o la muerte por aferrarse a una mentira? La teoría de que la resurrección fue una trama engañosa también se anula cuando se considera el caso de Pablo. El apóstol

Pablo afirmó que tuvo un encuentro con el Cristo resucitado de una forma completamente diferente de las que experimentaron los otros apóstoles. Basado en ese encuentro, la dirección completa de su vida cambió. Si los discípulos robaron el cuerpo, entonces la conversión del apóstol Pablo debe explicarse.

4. *Los relatos de la resurrección eran alucinaciones.* Los apóstoles querían tanto que Jesús resucitara de los muertos que se convencieron de que eso, realmente, había sucedido. Este punto de vista no se ajusta a las evidencias: la tumba vacía, el testimonio de la guardia romana y el hecho de que varias personas tuvieron la misma «alucinación» en diferentes ocasiones. En particular, la teoría tiene dificultades para explicar que quinientas personas dicen que vieron a Jesucristo resucitado. Insisto, la vida transformada del apóstol Pablo revoca esta interpretación.

¿Existe alguna visión de la resurrección que se ajuste a todos los hechos? La respuesta obvia es sí. Es la opinión registrada por el testimonio de un testigo ocular: la opinión de que Jesucristo resucitó corporalmente de entre los muertos. Este punto de vista es la esencia del evangelio; es la opinión que ya hemos visto en 1 Corintios 15. Volvamos a la apertura de ese pasaje:

> Ahora, hermanos, quiero recordarles el evangelio que les prediqué, el mismo que recibieron y en el cual se mantienen firmes. Mediante este evangelio son salvos, si se aferran a la palabra que les prediqué. De otro modo, habrán creído en vano.
>
> Porque ante todo les transmití a ustedes lo que yo mismo recibí: que Cristo murió por nuestros pecados según las Escrituras, que fue sepultado, que resucitó al tercer día según las Escrituras, y que se apareció a Cefas, y luego a los doce. Después se apareció a más de quinientos

hermanos a la vez, la mayoría de los cuales vive todavía, aunque algunos han muerto. Luego se apareció a Jacobo, más tarde a todos los apóstoles, y, por último, como a uno nacido fuera de tiempo, se me apareció también a mí (1 Corintios 15:1-8).

La resurrección de Jesucristo es un hecho histórico. Está respaldada por anuncios proféticos, testimonios de testigos oculares, evidencias físicas y experiencias personales. *Es la única conclusión que se ajusta a la evidencia. Es la resurrección de Jesús lo que valida su afirmación de que es Dios y de que puede perdonar nuestros pecados y darnos vida eterna. Y es la resurrección de Jesús la que derrota al goliat de la duda.*

La duda se burlará de todos los hombres en un momento u otro. La respuesta a la duda es no enterrar nuestras cabezas en la arena. La respuesta a la duda es apelar a la verdad, especialmente la verdad de Jesucristo y su resurrección. Jesús dijo: «Yo soy el camino, la verdad y la vida; nadie puede ir al Padre si no es por medio de mí» (Juan 14:6, NTV). Cuando nos enfocamos en Jesús, Dios se ve grande y Goliat pequeño.

Discusión

Echa un vistazo
Lee 1 Samuel 17:1-11.

· La duda puede ser un goliat que impide que el hombre siga a Dios. Puede haber preguntas persistentes como: «¿Es Dios real?». «¿Por qué Dios permite tanto mal y sufrimiento?». «Con tantas religiones, ¿cómo puede Jesús ser el único camino a Dios?». «¿Cómo sé realmente que la Biblia es verdadera?». Estas preguntas, si no se controlan ni se responden, pueden convertirse en dudas del tamaño de Goliat.

· ¿Cómo has luchado con el goliat de la duda?

Considera
· La duda intelectual es fe equivocada. Es la fe basada en la percepción humana limitada, en lugar de la fe basada en lo que es Dios y lo que ha revelado en su Palabra.

· Lee las siguientes Escrituras y relaciona su verdad con la duda intelectual que puede ser un goliat en la vida de un hombre. Recuerda, que Jesús dijo que si conocemos la verdad, ¡la verdad nos hará libres!

> · Isaías 45:5-12; Juan 1:1-5; Colosenses 1:15-20 (¿Cuál es la verdad que se encuentra en estos versículos y qué duda la supera?)
> · Salmos 19:7-11; Mateo 5:17-19; 2 Timoteo 3:16-17; 2 Pedro 1:16-21 (¿Cuál es la verdad que se encuentra en estos versículos y qué duda la supera?)
> · Juan 14:6; Hechos 4:8-12; 1 Corintios 15:1-4; Romanos 10:9-10 (¿Cuál es la verdad que se encuentra en estos versículos y qué duda la supera?

- Juan 3:16; Romanos 5:8; 8:28-39; 1 Juan 4:8-10 (¿Cuál es la verdad que se encuentra en estos versículos y qué duda la supera?)

Hazlo

Para derrotar al goliat de la duda, necesitamos correr hacia la verdad, no alejarnos de ella. ¿A qué verdad necesitas correr para derrotar a tu goliat de la duda?

CAPÍTULO 4

ENFRENTA AL GOLIAT DEL MIEDO

Franklin Delano Roosevelt dijo: «¡Lo único que debemos temer es al miedo mismo!». El miedo es uno de los goliats más grandes que enfrentan los hombres. La primera boda que oficié fue la de un buen amigo. Mientras esperábamos el momento de entrar al santuario, le pregunté al novio: «¿Por qué estás convencido de que debes casarte?».

Su inexpresiva respuesta perturbó toda la fiesta de bodas: «¡El miedo puede ser un poderoso motivador!».

Podemos bromear sobre el miedo con un cónyuge, pero el miedo real y desgarrador no es cosa de risa. De hecho, es lo que hace que un hombre se aislé por completo, se involucre en una adicción o se oculte en la oscuridad de la culpa y la vergüenza. El miedo es un obstáculo importante para purificar una relación con Jesucristo. Es un gigante que debemos vencer con la fuerza del Señor.

Veamos nuevamente 1 Samuel 17:8-11:

Goliat se detuvo ante los soldados israelitas, y los desafió: «¿Para qué están ordenando sus filas para la batalla? ¿No soy yo un filisteo? ¿Y no están ustedes al servicio de Saúl? ¿Por qué no escogen a alguien que se me enfrente? Si es capaz de hacerme frente y matarme, nosotros les serviremos a ustedes; pero, si yo lo venzo y lo mato, ustedes serán nuestros esclavos y nos servirán». Dijo además el filisteo: «¡Yo desafío hoy al ejército de Israel! ¡Elijan a un hombre que pelee conmigo!». Al oír lo que decía el filisteo, Saúl y todos los israelitas se consternaron y tuvieron mucho miedo.

Qué palabras tan lamentables: «Saúl y todos los israelitas se consternaron y tuvieron mucho miedo». El objetivo del enemigo es paralizarnos con el miedo. Cuando tenemos miedo, apartamos nuestros ojos de Dios y los fijamos en el objeto de nuestro miedo. Cuando tenemos miedo, nos volvemos egocéntricos y defensivos. Cuando tenemos miedo, nos enfurecemos y nos aislamos de la vergüenza. Cuando tenemos miedo, nos centramos en nosotros mismos y no en Dios, y nos volvemos vulnerables a los ataques del gigante Goliat. Una vez debilitados por el miedo, nos hacemos susceptibles a la tentación y al engaño, por lo que perdemos la batalla espiritual.

Hace varios años, estaba orando con un grupo en un retiro de hombres de nuestra iglesia. El coordinador de oración nos pidió que confesáramos cualquier temor que nos impidiera confiar plenamente en Dios. Nos instruyó que le diéramos nombre a nuestros miedos y que los confesáramos en voz alta, pidiendo la sanidad y la ayuda de Cristo. En vez de pedirle a Dios que revelara cualquier temor con el que luchaba, inmediatamente comencé a orar por los hombres reunidos a mi alrededor. Nunca me había considerado una persona que luchaba con el miedo, así que no sentí que necesitaba orar por eso. (Esto probablemente tenga que ver con mi batalla con el orgullo, ¡pero hablaremos de eso más adelante!)

Así que me senté ahí a orar por los demás y de repente, casi de manera inconsciente, me encontré diciendo en voz alta: «Tengo miedo... temo fallar». ¡Oh! Casi entro en pánico al darme cuenta de lo que acababa de hacer. Todos me habían escuchado. Ahora, realmente, ¡si tenía miedo!

Fue entonces cuando el Espíritu Santo me habló con su tierna y apacible voz: *«Temes fallar porque tienes mucho miedo de que la gente no te ame si fallas».* Con claridad, pasé revista a toda mi vida: exitoso hijo, estudiante excelente, atleta vencedor, esposo maravilloso, padre extraordinario, pastor inmejorable. Mi vida se identificaba con el éxito. Mi temor era que la gente me amara solo porque yo era un tipo exitoso. Pero, ¿y si fallaba? ¿Me amarían todos todavía?

En esa reunión de oración, me encontré cara a cara con mi miedo a no ser amado por lo que era. Me di cuenta de que, en mi interior, el miedo era lo que había motivado gran parte de lo que hacía, incluso lo que hacía como seguidor de Cristo. Me percaté de que incluso muchas de las cosas «espirituales» que hice no tenían nada que ver con motivos totalmente puros. En algún lugar de todo eso, yacía el deseo de mantener una imagen: verme bien, ser agradable. Pretendía ser otro por causa de mi miedo, más de lo que quería admitir.

El miedo puede paralizarnos y llevarnos a actuar de manera contraria al plan de Dios. La fe y el miedo no pueden coexistir; son como el agua y el aceite. El miedo es un goliat con el que todo hombre debe lidiar en cualquier momento de su vida. Así como goliat se burló de los ejércitos de Israel ese día, hace miles de años, el miedo continúa burlándose de cada uno de nosotros hoy; además de que lo ha hecho con todos los hombres mucho antes de los días de David. Uno de los héroes más grandes de la Biblia, un poderoso líder llamado Josué, luchó con el miedo:

Después de la muerte de Moisés, siervo del Señor, el Señor le dijo a Josué hijo de Nun, asistente de Moisés: «Mi siervo Moisés ha muerto. Por eso tú y todo este pueblo deberán prepararse para cruzar el río Jordán y entrar a la tierra que les daré a ustedes los israelitas. Tal como le prometí a Moisés, yo les entregaré a ustedes todo lugar que toquen sus pies. Su territorio se extenderá desde el desierto hasta el Líbano, y desde el gran río Éufrates, territorio de los hititas, hasta el mar Mediterráneo, que se encuentra al oeste. Durante todos los días de tu vida, nadie será capaz de enfrentarse a ti. Así como estuve con Moisés, también estaré contigo; no te dejaré ni te abandonaré.

»Sé fuerte y valiente, porque tú harás que este pueblo herede la tierra que les prometí a sus antepasados. Solo te pido que tengas mucho valor y firmeza para obedecer toda la ley que mi siervo Moisés te ordenó. No te apartes de ella para nada; solo así tendrás éxito dondequiera que vayas. Recita siempre el libro de la ley y medita en él de día y de noche; cumple con cuidado todo lo que en él está escrito. Así prosperarás y tendrás éxito. Ya te lo he ordenado: ¡Sé fuerte y valiente! ¡No tengas miedo ni te desanimes! Porque el Señor tu Dios te acompañará dondequiera que vayas».

Entonces Josué dio la siguiente orden a los jefes del pueblo: «Vayan por todo el campamento y díganle al pueblo que prepare provisiones, porque dentro de tres días cruzará el río Jordán para tomar posesión del territorio que Dios el Señor le da como herencia» (Josué 1:1-11).

Cuando Moisés murió, Josué asumió el mando de las tribus de Israel. Vemos en este pasaje que cuando comenzó su liderazgo, Dios le dijo: «Sé fuerte y valiente. Se fuerte y valiente. Sé fuerte y valiente». No tienes que ser un erudito de la Biblia para darte cuenta de que si Dios le dice a alguien tres veces: «Sé fuerte y valiente», es porque esa persona probablemente tenga dificultades para serlo.

Josué era como el resto de nosotros. Como solía decir mi antiguo entrenador de fútbol americano: «No tienes que ser un superdotado para hacer algo». Aunque era uno de los mejores líderes militares de todos los tiempos, batalló con sus propios miedos. El miedo era un goliat que tenía que enfrentar y vencer con la fuerza de Dios. En la película *Cuando éramos soldados*, Mel Gibson interpreta el papel del héroe de la guerra de Vietnam, el coronel Hal Moore. Moore comandaba la Séptima Caballería Móvil Aérea en la primera gran batalla entre soldados estadounidenses y el ejército de Vietnam del Norte. A medida que se desarrolla la película, el coronel Moore y sus tropas son atraídos a una emboscada en el valle de Ian Drang. Lejos de la base de su campamento, se encuentran rodeados y a punto de ser masacrados. En medio del conflicto, Moore sostiene un diálogo desesperado con su sargento mayor, interpretado por Sam Elliot. El coronel confiesa su temor por haber llevado a sus hombres a la muerte. Como jefe de la Séptima Caballería, dice que se siente como su infame superior, el comandante George Armstrong Custer. Con esa declaración, Sam Elliot, con todo su histrionismo, responde: «*¡Custer era un hi%#@ y tú no eres un p%#@!*». (Piensa en un término que tu entrenador de fútbol use para gritar que eres un debilucho y un alfeñique). La estrategia de Satanás es hacernos sentir castrados como hombres. Quiere explotar nuestros miedos, robarnos nuestra identidad y hacer que nos sintamos incapaces en cuanto a nuestra masculinidad.

En 1 Samuel 17:11 vimos que, en respuesta al desafío de Goliat, los hombres de Israel se «consternaron y tuvieron mucho miedo». Aquellos hombres eran soldados, guerreros. Fueron desafiados en lo más profundo de su identidad, por lo que Goliat utilizó el miedo para hacerlos sentir como perdedores absolutos. Satanás es el ladrón que viene a robar, matar y destruir. Uno de sus ardides es que usa el miedo para robarnos nuestra virilidad. Así como empleó el miedo con Josué lo usará con nosotros.

Hay una verdad importante que aprender de Josué: *la valentía no es ausencia de miedo; valentía es confiar en Dios a pesar de nuestros temores.* Mientras estemos en estos cuerpos afectados por el pecado, tendremos que lidiar con el miedo. Solo en el cielo se eliminará todo temor. Sin embargo, el miedo puede enfrentarse confiando en Dios. La valentía mira a Dios más que a Goliat, la fuente de nuestros temores. La valentía cree lo que Dios afirma, no lo que dicen las mentiras del enemigo. La valentía reconoce francamente que tenemos miedo, por lo que pedimos la ayuda y el apoyo de Dios. La valentía invita a otros hermanos confiables a nuestras vidas y a apoyarse en su fuerza. Repito: *la valentía mira a Dios más que a Goliat.*

Josué recibió una de las mayores responsabilidades posibles: liderar un ejército, junto con sus familias, a través del desierto en dirección a la Tierra Prometida. Muchos estudiosos de la Biblia estiman que el número de hombres, mujeres y niños era de dos a tres millones. Una vez en esa nueva tierra, Josué debía enfrentar y derrotar a las naciones enemigas, establecer un nuevo gobierno y regir a su pueblo. No era una tarea sencilla. Por supuesto que tenía sus temores. El miedo puede ser un goliat avasallador o puede darnos la oportunidad de confiar en Dios y ver su poder liberador en nuestras vidas. La palabra de Dios para Josué es la misma para nosotros hoy: «¡Sé fuerte y valiente!».

Josué entendió el miedo y la necesidad de ser fuerte en el Señor. De su ejemplo, podemos aprender cómo derrotar a este goliat en nuestras vidas. Para derrotar al gigante del miedo, debemos ser fuertes en las promesas de Dios. Dios le prometió a Josué varias cosas: aseguró que Josué y los israelitas cruzarían el Jordán y recibirían la tierra que había dicho que les daría. Prometió que les daría cada lugar donde pusieran sus pies. Les prometió los límites precisos de la tierra que les iba a dar. Dios le prometió a Josué que nadie podría enfrentarse a él en todos los días de su vida. Lo mejor de todo es que prometió estar con él todos los días de su vida. Además, prometió que nunca se iría ni abandonaría a Josué (ver Josué 1:2-5).

Es como saber, antes de jugar un partido en un campeonato de fútbol del que saldrás victorioso, que no te lastimarás y que harás la actuación estelar de tu vida. Si conoces el resultado con certeza y lo crees, aun cuando tu oponente anote o pierda un ataque, tendrás confianza porque estás seguro de la victoria final. Puedes sacudirte un fuerte golpe y un moretón, te levantas de nuevo para dar más de lo que puedes, porque tienes la confianza de que a fin de cuentas serás el ganador.

Durante el último año de secundaria de mi hijo, el equipo de fútbol de su escuela ganó el campeonato de la liga y continuó jugando en los eliminatorios distritales. En su segundo juego de los finales, se enfrentaron a un equipo con una ofensiva explosiva. En el medio tiempo, el puntaje era de 34 a 7, a favor de sus oponentes. Ahora bien, se sabe que nada termina hasta que suena el último pitazo, pero estaba convencido que no había forma de que el equipo de mi hijo remontara y ganara el juego. En lo emocional, esa temporada fue grandiosa, tanto para mí como para mi hijo. No solo estaba orgulloso de él, sino que ese año también me trajo todos los grandes recuerdos que tenía como jugador de fútbol americano en la escuela secundaria. Así que en el medio tiempo, ese viernes por la noche, me sentí destrozado, porque estaba convencido de que la temporada había terminado. Pero mira esto, estaba viendo el juego desde mi punto de vista. No pude ver el final desde el principio. Lo que sucedió en la segunda mitad del partido fue increíble. El equipo de mi hijo regresó y jugó con una energía indetenible, ¡y ganaron el juego, 54 a 48! Si hubiera sabido el resultado final antes de tiempo, ¿crees que habría sido un desastre emocional en el medio tiempo? ¡De ninguna manera! Hubiera confiado en la victoria final.

Dios nos da promesas para que podamos confiar en su victoria final. Josué estaba a punto de embarcarse en el mayor desafío de su vida y tenía miedo. Goliat se veía grande. Pero Dios le dijo: «Sé fuerte y valiente en mis promesas». ¿Qué promesas te ha dado Dios para ayudarte a enfrentar el goliat del miedo?

La Biblia está llena de promesas en las que tú y yo podemos confiar con seguridad. Cuando emitimos un cheque, entendemos que se realizará un retiro en nuestra cuenta corriente. Si nuestros retiros exceden los depósitos, nos sobregiramos. Podríamos decidir que nos gustaría comprar un auto nuevo, una casa nueva o unas vacaciones de ensueño, pero si no tenemos el dinero en una cuenta bancaria, nuestros cheques simplemente rebotarán. Las compras parecerían excelentes en ese momento, pero no serían realistas, y las cosas no nos irían bien a la larga. Muchos hombres sienten lo mismo en cuanto a la vida cristiana. Los mandamientos de Jesús, los desafíos como líderes espirituales de sus familias y una vida victoriosa lucen asombrosos, pero la mayoría de los hombres temen no tener lo necesario para seguir a Cristo a largo plazo. Tal vez así es como te sientes: ¡el solo hecho de intentarlo te dejará con una cuenta espiritual sobregirada!

Ahora bien, para continuar con la ilustración bancaria, si tuvieras un comprobante de depósito que confirmara que se han depositado cien millones de dólares en tu cuenta, ¿no crees que tendrías más confianza para hacer las compras que mencionamos anteriormente? Sabrías que cuentas con los fondos que necesitas para comprar lo que quisieras. Las promesas de Dios son como ese recibo de depósito. Son la garantía de Dios de que tenemos todos los recursos que necesitamos para responder a su llamado. Las promesas de Dios nos hablan de su provisión para llevar a cabo su voluntad con nuestras vidas:

> Mediante su divino poder, Dios nos ha dado todo lo que necesitamos para llevar una vida de rectitud. Todo esto lo recibimos al llegar a conocer a aquel que nos llamó por medio de su maravillosa gloria y excelencia; y debido

a su gloria y excelencia, nos ha dado grandes y preciosas promesas. Estas promesas hacen posible que ustedes participen de la naturaleza divina y escapen de la corrupción del mundo, causada por los deseos humanos (2 Pedro 1:3-4, NTV).

Al igual que Josué, tenemos promesas de Dios en cuanto a capacitarnos con fuerza y valor. Estas promesas son golpes de poder, dirigidos directamente a la sección media del enemigo, que hacen que se doblegue derrotado. Hace unos años, asistí a la primera pelea de la UFC en Arrowhead Pond, Anaheim, California. El estadio estaba lleno, más de veinte mil fans llenos de testosterona que animaban la competencia de artes marciales mixtas, ¡y la mayoría eran mujeres! La pelea por el campeonato de peso pesado resultó ser un buen combate de boxeo a la antigua. El ganador, Tim Sylvia, utilizó una combinación de derechazos e izquierdas para derrotar a su oponente. Reclamar las promesas de Dios es como lanzar un aluvión de derechazos e izquierdas al goliat de miedo. No somos víctimas. No estamos indefensos en la batalla espiritual. Según Santiago 4:7, podemos resistir al diablo, ¡y él huirá de nosotros!

Estas son solo algunas de las extraordinarias promesas que puedes reclamar para derrotar al goliat del miedo:

No tengas miedo, porque yo estoy contigo; no te desalientes, porque yo soy tu Dios. Te daré fuerzas y te ayudaré; te sostendré con mi mano derecha victoriosa (Isaías 41:10, NTV)

No se inquieten por nada; más bien, en toda ocasión, con oración y ruego, presenten sus peticiones a Dios y denle gracias. Y la paz de Dios, que sobrepasa todo entendimiento, cuidará sus corazones y sus pensamientos en Cristo Jesús (Filipenses 4:6-7).

Pues Dios no nos ha dado un espíritu de timidez, sino de poder, de amor y de dominio propio (2 Timoteo 1:7).

Así que sométanse a Dios. Resistan al diablo, y él huirá de ustedes (Santiago 4:7).

Cuando reclamamos estas promesas, es como cuando el Espantapájaros arrojó agua sobre la Bruja Malvada en *El Mago de Oz*. Recuerda su respuesta: «¡Me estoy derritiendo!». El miedo se derrite cuando se empapa de fe en las promesas de Dios.

Todo hombre se enfrenta al goliat del miedo. El miedo puede paralizarnos; puede castrarnos y robarnos nuestra identidad en Cristo. Cuando enfrentamos al goliat del miedo al poner nuestra fe en las promesas de Dios, nuestro Dios se ve grande y goliat se ve pequeñísimo.

Discusión

Echa un vistazo
Lee 1 Samuel 17:1-11, 16, 24.

· ¿Por qué crees que los israelitas se llenaron de miedo cuando vieron y oyeron a Goliat?

· ¿Cómo es el miedo a un goliat que puede impedir que un hombre busque una relación con Cristo?

Considera

· El miedo inducido por Goliat es resultado de creer una mentira. ¿Qué tipo de mentiras creen los hombres que les hacen ver a Dios tan pequeño y a Goliat tan grande?

· Josué era un hombre que entendía el miedo. Lee Josué 1:1-11. ¿Qué exhortación le repite Dios a Josué?

· Según la promesa de Dios, ¿cuál sería la fuente de valor de Josué frente a sus temores?

· ¿Cómo puede un hombre poner sus ojos en Dios y confiar en sus promesas en vez de sucumbir a sus miedos?

Hazlo

· ¿Qué atributos y promesas de Dios necesitas creer para combatir tus miedos?

· Lee Josué 1:1-11 nuevamente. ¿Cómo puedes ser fuerte y valiente?

CAPÍTULO 5

ENFRENTA AL GOLIAT DEL ORGULLO

«Vanidad, definitivamente mi pecado favorito». Este es el parlamento final de la película *El abogado del diablo*, protagonizada por Al Pacino y Keanu Reeves. En esta película, Keanu Reeves interpreta a Kevin Lomax, un abogado sureño que nunca ha perdido un caso. Al Pacino interpreta a John Milton, un abogado de Nueva York muy poderoso que contrata a Lomax para su bufete. La película comienza con una escena en la sala del tribunal en la que Lomax está defendiendo a un hombre acusado de abuso sexual infantil. Aunque descubre en el último minuto que su cliente es culpable, el deseo de Lomax de ganar el caso hace que defienda a su cliente y le evite una penalización. Después de esa victoria, Milton le ofrece a Lomax un trabajo con todo el atractivo que acompaña al ofrecimiento.

A través de una serie de intensas y gráficas escenas, Lomax se da cuenta de que Milton es realmente el demonio, que su intención es seducirlo y capturar su alma. En un momento decisivo de desafío y desesperación, Lomax contraataca y resiste la tentación de Milton. En ese punto, en un momento estelar, Lomax vuelve a la escena del tribunal que inició la película. Regresó al instante en que se enteró de que su cliente era realmente culpable de abuso infantil.

Con claridad y convicción, Lomax se dirige al magistrado, expone la información de la culpa de su cliente y renuncia a su defensa. Cuando sale de la sala del tribunal, un periodista lo detiene con una avalancha de preguntas. El periodista le dice que lo va a presentar en el programa televisivo *60 minutos* y que va a ser famoso. Tras pensarlo por un momento Lomax acepta, de manera algo petulante, la entrevista. Mientras se aleja, el periodista se transforma en John Milton —el demonio mismo—, y dice: «Vanidad, definitivamente mi pecado favorito».

La primera vez que vi *El abogado del diablo,* pensé: *¡Así exactamente es cómo opera Satanás!* El orgullo es uno de los mayores goliats que enfrentan los hombres. El orgullo seduce, engaña y puede derribarnos.

Cuando somos orgullosos, destronamos a Cristo de su legítimo lugar en nuestra vida y la controlamos nosotros. Consumidos por el ego, abusamos, nos sentimos con derecho, actuamos pasivo-agresivamente, nos obstinamos y ahogamos el flujo de la gracia de Dios en nuestras vidas. Santiago explica:

> Pero él nos da mayor ayuda con su gracia. Por eso dice la Escritura:
> «Dios se opone a los orgullosos,
> pero da gracia a los humildes».
> Así que sométanse a Dios. Resistan al diablo, y él huirá de ustedes (Santiago 4:6-7).

Cuando somos orgullosos, nos convertimos en opositores de Dios. Puede que no sea el más perspicaz en la sala de trabajo pero sé que, si un hombre está luchando contra Dios, ¡seguro que pierde! El orgullo y la gracia no pueden coexistir. La gracia fluye a nuestras vidas cuando somos humildes; cuando somos orgullosos, nuestros corazones se endurecen y extinguimos la gracia que necesitamos para resistir al diablo. El orgullo y el diablo van de la mano. Es por eso que el orgullo es un gran goliat para todo hombre.

La relación del diablo con el orgullo está bien documentada. El profeta Isaías nos da una descripción alegórica de Satanás y su rebelión contra Dios:

> ¡Cómo has caído del cielo, lucero de la mañana!
> Tú, que sometías a las naciones, has caído por tierra.
> Decías en tu corazón: «Subiré hasta los cielos.
> ¡Levantaré mi trono por encima de las estrellas de Dios!
> Gobernaré desde el extremo norte,
> en el monte de la reunión.
> Subiré a la cresta de las más altas nubes,
> seré semejante al Altísimo».
> ¡Pero has sido arrojado al sepulcro,
> a lo más profundo de la fosa! (Isaías 14:12-15).

Este pasaje hace referencia al «lucero de la mañana». En hebreo, la palabra es *heylel*. Cuando la Biblia hebrea se tradujo al latín, el término se convirtió en *Lucifer*. Debido a la influencia de la Biblia latina, Lucifer fue adoptado en el vocabulario eclesiástico como un nombre para Satanás. Satanás se describe en este pasaje como juzgado porque quiso imponer su voluntad contra la de Dios.

Observa las declaraciones de Lucifer: «Subiré hasta los cielos. ¡Levantaré mi trono por encima de las estrellas de Dios! Gobernaré desde el extremo norte, en el monte de la reunión. Subiré a la cresta de las más altas nubes, seré semejante al Altísimo». Satanás estaba consumido por su propio ego. El orgullo lo hizo rebelarse contra Dios, y ese mismo orgullo fue la base del juicio de Dios sobre él. Proverbios 16:18 (NTV) advierte: «El orgullo va delante de la destrucción, y la arrogancia antes de la caída». El orgullo de Satanás es el prototipo de toda acción orgullosa.

Cuando David entró en el valle de Ela, confió humildemente en la victoria del Señor. Goliat, al contrario —lleno de orgullo y arrogancia— se burló del hombre de Dios. El orgullo se burlará de nosotros, nos engañará e intentará gobernarnos. La Biblia está llena de advertencias contra el orgullo. En particular, se encuentran varias de ellas en el libro de Proverbios. Este libro está constituido por una serie de dichos sabios que dan consejos prácticos sobre cómo llevar una vida santa. Debido a que el orgullo es un goliat constante, muchos de los dichos en el libro de Proverbios se refieren a ese enemigo:

> Hay seis cosas que el Señor aborrece,
>> y siete que le son detestables:
>> los ojos que se enaltecen,
>> la lengua que miente,
>> las manos que derraman sangre inocente
>>> (Proverbios 6:16-17).

> Quien teme al Señor aborrece lo malo,
>> yo aborrezco el orgullo y la arrogancia,
>> la mala conducta y el lenguaje perverso
>>> (Proverbios 8:13).

> Con el orgullo viene el oprobio;
>> con la humildad, la sabiduría (Proverbios 11:2).

> El orgullo solo genera contiendas,
>> pero la sabiduría está con quienes oyen consejos
>>> (Proverbios 13:10).

«El orgullo va delante de la destrucción,
y la arrogancia antes de la caída»
(Proverbios 16:18, NTV).

Los ojos arrogantes, el corazón orgulloso,
y las malas acciones, son pecado
(Proverbios 21:4, NTV).

Orgulloso y arrogante, y famoso por insolente,
es quien se comporta con desmedida soberbia
(Proverbios 21:24).

El altivo será humillado,
pero el humilde será enaltecido (Proverbios 29:23).

Hace varios años, mi esposa y yo asistimos a un servicio de adoración. El orador describía una conversación seria que había tenido con su esposa. Durante un momento de intensa sinceridad, su esposa le había dicho que pensaba que él actuaba con verdadero egoísmo. Mientras escuchaba atentamente, miré a mi esposa y le pregunté: «Cariño, ¿crees que soy egoísta?».

Mi esposa me devolvió la sonrisa y dijo: «No, puedo decir que eres egoísta... eres la persona más orgullosa que he conocido, pero no eres egoísta». ¡Eso habla de convicción! Mi esposa dio en el clavo. Luchaba con el goliat del orgullo y, con más frecuencia de lo que quería admitir, el gigante me ganaba.

A menudo, el verdadero problema que el hombre enfrenta al negarse a arrepentirse y creer en Cristo es el orgullo. Jesús dijo:

Les digo la verdad, a menos que se aparten de sus pecados y se vuelvan como niños, nunca entrarán en el reino del cielo. Así que el que se vuelva tan humilde como este pequeño es el más importante en el reino del cielo (Mateo 18:3-4, NTV).

Acudir a Cristo es una experiencia aplastante para el orgullo. Debemos humillarnos ante Dios, reconocer que no podemos salvarnos y pedirle a Jesucristo que sea nuestro Señor y Salvador. Hace años, formé parte de un ministerio deportivo cristiano llamado American Football Ministries International. Utilizamos la plataforma del fútbol americano para llevar el evangelio a Europa oriental y a la antigua Unión Soviética. En una misión de verano, jugamos contra un equipo ruso compuesto por atletas de diversos deportes. El defensa titular del equipo ruso era un tipo llamado Oleg. Este había estado en las fuerzas especiales rusas y había sido herido por una bayoneta en combate en Afganistán. Tenía una gran cicatriz en el pecho por la herida que había recibido precisamente antes de disparar el rifle tras matar a su atacante. Sí, así es, ¡jugué fútbol contra ese tipo!

Mi posición ese verano era apoyador defensivo (linebacker), así que la jugada que debía hacer era en contra de Oleg. En ese tipo de jugada, el apoyador defensivo puede perder de vista al jugador que ataca al mariscal de campo de dos maneras: puede considerar las diversas opciones que tiene y quedarse enredado en la línea de ataque o hacer unos movimientos, zigzaguear con el balón y dejarlo pasar. La única forma en que un atacante puede derribar al mariscal de campo es dando un paso adelante y encontrarse con el portador de la pelota de frente, por lo que el mariscal recibe el contacto completo. Créeme, eso puede ser desgarrador.

Algo parecido ocurre cuando un hombre sopesa el llamado de Jesucristo al evangelio; tiene tres opciones: puede considerar muchos compromisos e involucrarse en la superficialidad de la religión, especializarse en las cosas menores y deslindarse completamente de Jesucristo. Una segunda respuesta posible es quedarse atrás, diferir la toma de una decisión y pasivamente evitar el encuentro con Cristo. La tercera opción del hombre, y la única forma en que puede tener una experiencia que le cambie la vida con Cristo, es encontrarse con Cristo de frente: creer en el evangelio, recibir al Señor y pedirle personalmente que sea su salvador. Este tipo de compromiso es abrumador. Requiere que el creyente entregue toda su vida a Cristo.

Para algunos hombres, el goliat del orgullo es tan fuerte en sus vidas que se niegan obstinadamente a rendirse a Cristo. Los fariseos de la época de Jesús eran este tipo de hombres. Tuvieron la oportunidad de escuchar a Jesús, ver sus milagros y verificar sus afirmaciones en base a la autoridad de la Escritura, pero continuaron en su incredulidad. El goliat del orgullo nubló su juicio y endureció sus corazones. Jesús se dirigió específicamente a este tipo de orgullo:

Si yo testifico en mi favor, ese testimonio no es válido. Otro es el que testifica en mi favor, y me consta que es válido el testimonio que él da de mí.

Ustedes enviaron a preguntarle a Juan, y él dio un testimonio válido. Y no es que acepte yo el testimonio de un hombre; más bien lo menciono para que ustedes sean salvos. Juan era una lámpara encendida y brillante, y ustedes decidieron disfrutar de su luz por algún tiempo.

El testimonio con que yo cuento tiene más peso que el de Juan. Porque esa misma tarea que el Padre me ha encomendado que lleve a cabo, y que estoy haciendo, es la que testifica que el Padre me ha enviado. Y el Padre mismo que me envió ha testificado en mi favor. Ustedes nunca han oído su voz, ni visto su figura, ni vive su palabra en ustedes, porque no creen en aquel a quien él envió. Ustedes estudian con diligencia las Escrituras porque piensan que en ellas hallan la vida eterna. ¡Y son ellas las que dan testimonio en mi favor! Sin embargo, ustedes no quieren venir a mí para tener esa vida.

La gloria humana no la acepto, pero a ustedes los conozco, y sé que no aman realmente a Dios. Yo he venido en nombre de mi Padre, y ustedes no me aceptan; pero, si otro viniera por su propia cuenta, a ese sí lo aceptarían. ¿Cómo va a ser posible que ustedes crean, si unos a otros se rinden gloria, pero no buscan la gloria que viene del Dios único?

Pero no piensen que yo voy a acusarlos delante del Padre. Quien los va a acusar es Moisés, en quien tienen puesta su esperanza. Si le creyeran a Moisés, me creerían a mí, porque de mí escribió él. Pero, si no creen lo que él escribió, ¿cómo van a creer mis palabras? (Juan 5:31-47).

Como un abogado que argumenta ante un jurado, Jesús presenta su caso a los fariseos, demostrando que es el Mesías y el Hijo de Dios; por lo que apela al testimonio de sus propias palabras, el testimonio de Juan el Bautista, el testimonio de sus milagros, el testimonio de la voz del Padre, el testimonio de las Escrituras y el testimonio de Moisés. Jesús dice que el problema con los fariseos no es la falta de testimonio, sino la indisposición de rendirse a Dios, preocupándose con orgullo por su propia reputación en lugar de buscar el elogio de Dios. En los versículos 41-44 Él hizo énfasis en lo siguiente:

La gloria humana no la acepto, pero a ustedes los conoz-co, y sé que no aman realmente a Dios. Yo he venido en nombre de mi Padre, y ustedes no me aceptan; pero, si otro viniera por su propia cuenta, a ese sí lo aceptarían. ¿Cómo va a ser posible que ustedes crean, si unos a otros se rinden gloria, pero no buscan la gloria que viene del Dios único?

Algunos hombres no creerán porque su orgullo se interpone en el camino. ¿Qué pasa contigo? ¿Estás dejando que el orgullo te impida arrepentirte y creer en Cristo? No dejes que el goliat del orgullo te robe la salvación. Humíllate ante Dios. Pídele a

Jesucristo que te salve. Entrégate al señorío de Cristo y deja que Jesús derrote al goliat del orgullo.

Si goliat no puede evitar que un hombre reciba la salvación, buscará robarle la identidad y el llamado ordenado por Dios. El orgullo nos confronta en nuestro peregrinaje, tanto antes como después de entregar nuestras vidas a Cristo. Al escribir sobre las calificaciones para el liderazgo espiritual, Pablo advirtió a Timoteo:

Se dice, y es verdad, que, si alguno desea ser obispo, a noble función aspira. No debe ser un recién convertido, no sea que se vuelva presuntuoso y caiga en la misma condenación en que cayó el diablo (1 Timoteo 3:1,6).

Los líderes espirituales deben ser hombres que, debido a su madurez, puedan evitar la trampa de la vanidad. Los jóvenes creyentes son particularmente vulnerables a este goliat. Llenos de energía y pasión, pueden convertirse fácilmente en egoístas en el trabajo del reino. Al perder de vista el hecho de que son siervos del Rey, pueden ponerse a la defensiva frente a las críticas y tratar de controlar a los demás. El goliat del orgullo casi nunca es muy obvio, pero siempre es una ofensa a la gloria de Dios.

El orgullo religioso es el peor. Declaraciones como: «Compren mi próximo libro, *Los diez hombres más humildes del mundo y cómo discipulé a los otros nueve*», son demasiado comunes en los círculos eclesiales. Hace años, participé en un proyecto misionero en Hawái evangelizando en la playa. Lo sé, era una tarea difícil. Mi trabajo consistía en capacitar a estudiantes universitarios en evangelización personal, y la playa llena de gente era un laboratorio natural en el cual poner en práctica lo que estábamos aprendiendo. Un joven del grupo era muy talentoso, pero luchaba con lo que llamaré «orgullo inverso». ¡Se desvivía por humillarse, de modo que —a pesar de ser autocrítico—, continuaba hablando de sí mismo! Conoces la vieja frase: «Basta de hablar sobre mí, hablemos de ti, ¿qué piensas de mí?».

Después de un encuentro nocturno en el que el joven habló y contó su testimonio en Cristo, lo felicité diciéndole que había hecho un gran trabajo.

«No, no, no fui yo. Jesús lo hizo todo», fue la respuesta del joven.

Lo miré y suave pero firmemente le dije: «Bueno, si Jesús lo hubiera hecho todo, habría sido mucho mejor; pero hiciste un buen trabajo. Gracias». La humildad no es humillarnos; es engrandecer a Jesús y a los demás.

El orgullo es engañador. Muchos hombres lo ven en los demás, pero no pueden reconocerlo en sí mismos. Jeff Foxworthy, el comediante asalariado, se hizo famoso con su «Puede ser humilde si...». Es un chiste. Para comprobar tu propio corazón y ver si el goliat del orgullo te está superando, considera personalmente lo siguiente:

1. Puedes ser derrotado por el goliat del orgullo si nunca has entregado tu vida a Jesucristo.
2. Puedes ser derrotado por el goliat del orgullo si tu primera respuesta a este capítulo es defenderte.
3. Puedes ser derrotado por el goliat del orgullo si piensas en cómo los demás necesitan aplicar estas verdades, pero no en tu propia aplicación.
4. Puedes ser derrotado por el goliat del orgullo si has estado atrapado en el mismo lugar en tu peregrinaje espiritual por mucho tiempo.
5. Puedes ser derrotado por el goliat del orgullo si siempre adoptas una pose, eres un falso o un hipócrita.

Si el orgullo te golpea el ego, destruye tus relaciones y se coloca como un goliat entre Dios y tú, entonces encuéntralo, enfréntalo y pelea con él cara a cara.

La humildad es la única forma de lidiar con el goliat del orgullo. Tanto al venir a Cristo por salvación como al seguirlo en el discipulado, la clave es la humildad. Cuando nos apartamos de nuestro propio camino, Jesús es glorificado como el único que puede transformar nuestras vidas y derrotar a nuestros goliats. Pero saber esto y hacerlo son dos cosas diferentes. El camino hacia el arrepentimiento humilde puede ser cruel. En su epístola, Santiago describe el goliat del orgullo y el difícil camino de la humildad:

> ¿De dónde surgen las guerras y los conflictos entre ustedes? ¿No es precisamente de las pasiones que luchan dentro de ustedes mismos? Desean algo y no lo consiguen. Matan y sienten envidia, y no pueden obtener lo que quieren. Riñen y se hacen la guerra. No tienen, porque no piden. Y, cuando piden, no reciben porque piden con malas intenciones, para satisfacer sus propias pasiones.
>
> ¡Oh gente adúltera! ¿No saben que la amistad con el mundo es enemistad con Dios? Si alguien quiere ser amigo del mundo se vuelve enemigo de Dios. ¿O creen que la Escritura dice en vano que Dios ama celosamente al espíritu que hizo morar en nosotros? Pero él nos da mayor ayuda con su gracia. Por eso dice la Escritura: «Dios se opone a los orgullosos, pero da gracia a los humildes».
>
> Así que sométanse a Dios. Resistan al diablo, y él huirá de ustedes. Acérquense a Dios, y él se acercará a ustedes. ¡Pecadores, límpiense las manos! ¡Ustedes los inconstantes, purifiquen su corazón! Reconozcan sus miserias, lloren y laméntense. Que su risa se convierta en llanto, y su alegría en tristeza. Humíllense delante del Señor, y él los exaltará (Santiago 4:1-10).

Luchamos, deseamos, codiciamos y contendemos con el mundo, todo por orgullo. Aun cuando buscamos a Dios, a menudo nuestra búsqueda es motivada por el orgullo. Amar al mundo y amar a Dios no es compatible. El hombre que experimente la victoria de Cristo sobre su gobierno debe crucificar el orgullo y recorrer el camino de la humildad. Dios nos da la gracia de hacer lo que es difícil. Por tanto, se nos manda someternos a Dios; resistir al diablo; acercarnos a Cristo; lavar nuestras manos y purificar nuestros corazones del pecado; afligirnos, llorar, lamentarnos y arrepentirnos; y humillarnos ante el Señor (dándole la oportunidad de que nos levante). ¡Es toda una lista! La humildad es un compromiso. Implica arrepentimiento, sumisión, limpieza y determinación para resistir al diablo. No podemos hacer esas cosas por cuenta propia. Es solo por la gracia de Dios que podemos buscarlo y obedecer sus mandamientos.

Nuestra parte es humillarnos ante el Señor. La parte de Dios es darnos su gracia. Nuestra parte es recibir su gracia y ponerla en práctica. La parte de Dios es darnos la victoria. Nuestra parte es confiar en el Señor. La parte de Dios es derrotar a goliat. Cuando caminamos con humildad, podemos enfrentarnos al goliat del orgullo.

Discusión

Echa un vistazo

Lee 1 Samuel 17:1-11, 16, 24.

- Los goliats nos intimidan, paralizan y nos derrotan. ¿Por qué crees que es importante que los hombres comprendan con precisión la naturaleza de los goliats que enfrentan?
- Uno de los goliats que se interpondrá en el camino de nuestro crecimiento espiritual es el orgullo. ¿Cómo crees que el orgullo puede robarle a un hombre la búsqueda del conocimiento de Cristo y el amor de Dios?

Considera

- Busca los siguientes versículos y comenta sobre la naturaleza, los síntomas y las consecuencias del orgullo: Proverbios 13:10; Proverbios 16:18; Juan 5:39-44; Mateo 23:1-12; Romanos 2:1-6.
- El hombre orgulloso es adicto a defender y controlar. ¿Qué efecto puede tener esto en un matrimonio, una familia o una relación laboral?
- Busca Santiago 4:6-7. Si un hombre cede ante el goliat del orgullo, ¿qué es inevitable en términos de su relación con Cristo?

Hazlo

- Según Santiago 4:6-10 y Marcos 10:42-45, ¿qué debe estar dispuesto a hacer un hombre si va a conquistar el goliat del orgullo?
- ¿Cómo te humillarás ante el Señor para recibir su gracia y ayuda para combatir el orgullo?

CAPÍTULO 6

ENFRENTA AL GOLIAT DE LA LUJURIA

David, el siervo de Dios, ganó la batalla contra el goliat humano, pero la perdió contra el goliat de la lujuria. En 1 Samuel 17, leemos acerca de cómo David entró en el valle de Ela y enfrentó a Goliat. Con una confianza inquebrantable en Dios, corrió a la batalla y derrotó a su enemigo. Como resultado de esa gran hazaña, David se ganó inmediatamente una gran reputación:

> Ahora bien, cuando el ejército regresó, después de haber matado David al filisteo, de todos los pueblos de Israel salían mujeres a recibir al rey Saúl. Al son de liras y panderetas, cantaban y bailaban, y exclamaban con gran regocijo:
> «Saúl mató a sus miles,
> ¡pero David, a sus diez miles!» (1 Samuel 18:6-7).

David era un guerrero, un vencedor y un asesino de gigantes. Pero, para usar el vernáculo común, no podía controlar sus apetitos carnales. David era un tipo apasionado. Apasionado por Dios, apasionado como líder y un hombre con deseos sexuales. La caída de David la vemos en 2 Samuel 11:1-5:

En la primavera, que era la época en que los reyes salían de campaña, David mandó a Joab con la guardia real y todo el ejército de Israel para que aniquilara a los amonitas y sitiara la ciudad de Rabá. Pero David se quedó en Jerusalén. Una tarde, al levantarse David de la cama, comenzó a pasearse por la azotea del palacio, y desde allí vio a una mujer que se estaba bañando. La mujer era sumamente hermosa, por lo que David mandó que averiguaran quién era, y le informaron: «Se trata de Betsabé, que es hija de Elián y esposa de Urías el hitita». Entonces David ordenó que la llevaran a su presencia y, cuando Betsabé llegó, él se acostó con ella. Después de eso, ella volvió a su casa. Hacía poco que Betsabé se había purificado de su menstruación, así que quedó embarazada y se lo hizo saber a David.

Hagamos un repaso de lo que nos indica el relato bíblico: David estaba en su balcón y notó que una hermosa mujer se estaba bañando. Se sintió atraído por ella, por lo que preguntó quién era. Se enteró entonces de que la mujer estaba casada con uno de sus soldados, hizo que se la trajeran y se acostó con ella. Un tiempo después, descubrió que su relación sexual había resultado en embarazo. David, el siervo de Dios, cometió adulterio y se precipitó por una espiral espiritual descendente de mentiras, encubrimiento y asesinato.

¿Qué pasó entre 1 Samuel 17 y 2 Samuel 11? ¿Cómo se convirtió en adúltero el hombre que mató al gigante? Responder esas preguntas es crucial, porque cada uno de nosotros podría seguir el camino de David. La lujuria es un goliat que debemos enfrentar y vencer si es que vamos a seguir a Jesucristo. Muchos hombres buenos tropiezan y nunca se recuperan del ataque de este enemigo. El ejemplo de David nos ayuda a comprender qué nos hace vulnerables al goliat de la lujuria.

Somos vulnerables al goliat de la lujuria cuando tomamos un descanso en la batalla. «En la primavera, que era la época en que los reyes salían de campaña, David mandó a Joab con la guardia real y todo el ejército de Israel para que aniquilara a los amonitas y sitiara la ciudad de Rabá. Pero David se quedó en Jerusalén» (2 Samuel 11:1). Era la época del año cuando los reyes se iban a la guerra. En el pasado, David iba al frente de los combatientes, liderando la lucha. Se arreglaba y decía: «Síganme». Pero esta vez no hizo nada de eso. Se quedó en Jerusalén y envió a Joab para que dirigiera a las tropas. David se tomó un descanso de la batalla. Cuando tomamos un descanso en la batalla, nos volvemos vulnerables. Perdemos la ventaja que logramos y nuestras defensas bajan. David era más vulnerable a la lujuria, en Jerusalén, que si se hubiera unido a sus hombres en la lucha.

A veces nos cansamos de pelear la batalla espiritual. Pensamos que necesitamos un descanso. Pero nuestro enemigo conoce nuestras debilidades. Cuando bajamos la guardia, él está listo con un ardiente misil para atacarnos. Cuando somos pasivos o perezosos, o cuando nos descuidamos espiritualmente, somos vulnerables al goliat de la lujuria. Como lo explica el apóstol Santiago:

Que nadie, al ser tentado, diga: «Es Dios quien me tienta». Porque Dios no puede ser tentado por el mal, ni tampoco tienta él a nadie. Todo lo contrario, cada uno es tentado cuando sus propios malos deseos lo arrastran y seducen. Luego, cuando el deseo ha concebido, engendra el pecado; y el pecado, una vez que ha sido consumado, da a luz la muerte (Santiago 1:13-15).

La tentación proviene del deseo que tenemos dentro. Si cedemos a nuestras lujurias y actuamos de acuerdo con nuestra tentación, entonces pecamos, lo que conduce a la muerte. Desacoplarse emocionalmente de la batalla no impide que nos asalte la lujuria. De hecho, solo la intensifica. Llevamos nuestra lujuria con nosotros, porque proviene de nuestros deseos internos. El término «lujuria» es la traducción de la palabra griega *epithumia*, que significa un deseo fuerte y apasionado. Podemos tener un deseo de justicia o un deseo de adorar a Dios. Los deseos son buenos; lo que hacemos con ellos es lo que determina si nos mueven hacia la búsqueda obediente de Cristo o a la indulgencia de la lujuria. Cuando un hombre se aleja de la batalla, pierde el contexto que le recuerda que está luchando contra el mal. Abandona sus responsabilidades y sus deseos se pervierten. Podemos citar lo que afirma *La comunidad del anillo:* «El corazón de los hombres se corrompe fácilmente». La lujuria se convierte en tentación, esta se convierte en un acto pecaminoso y el pecado lleva a la muerte.

Si intentas evitar todo conflicto espiritual, la pasividad podría ser tu ruina. Alejado de la batalla, cederás a las incitaciones sutiles. La lujuria se convertirá en una semilla que, si no se desarraiga, dará su fruto: el pecado. Aprende del ejemplo de David. Busca a Cristo activamente y pelea la batalla espiritual. Si te propones pelear la batalla, tu progreso minimizará el ataque de la lujuria.

Somos vulnerables al goliat de la lujuria cuando estamos en el lugar equivocado en el momento equivocado. En vez de estar al frente de la batalla, David deambulaba por el balcón de su palacio. Eso nos lleva a un cuestionamiento sencillo: «¿Somos más vulnerables al goliat de la lujuria sentados en la iglesia a las once de la mañana un domingo o en un bar a la una de la madrugada?». Algunos lugares no son apropiados para un hombre piadoso. Es más, algunas actividades y prácticas son imprudentes e infructuosas en la búsqueda de parecernos más a Cristo.

Hace poco sostuve una conversación con un joven que padecía de adicción al alcohol. Sabía el daño potencial que le produciría ingerir un «trago social», pero razonaba que podía lidiar con eso sin problemas. Debo decir que no creo que la Biblia enseñe la absoluta abstinencia de las bebidas espirituosas. Las advertencias que aparecen en ella se refieren a la embriaguez, no al disfrute ocasional de una bebida para adultos. Dicho eso, permíteme afirmar también que no he visto nada más que destrucción en la vida de los abusadores y sus víctimas cuando se trata de la indulgencia excesiva con el alcohol. El alcoholismo es una enfermedad y un comportamiento que devasta las vidas de muchos. Mientras ese joven discutía conmigo acerca de sus ideas, le planteé la siguiente historia como una forma de desafiar su pensamiento:

El dueño de un negocio productor de vidrio vendía sus productos a una ciudad vecina. El pueblo estaba al otro lado de una montaña que solo se podía cruzar por un estrecho y sinuoso camino de un solo carril. El negociante necesitaba contratar a un conductor de furgoneta que hiciera las entregas diarias de sus productos. Así que entrevistó a dos candidatos para la posición.

Después de algunas preguntas iniciales, le preguntó al primer solicitante: «¿Qué tan cerca del borde del acantilado crees que podrías conducir sin caer al precipicio?».

El solicitante pensó y respondió con confianza: «Soy un conductor experto, por lo que estoy seguro de que podría conducir a menos de quince centímetros del acantilado y aun así mantener el límite de velocidad en el paso».

El propietario agradeció al solicitante su interés y entrevistó a la segunda persona. De nuevo, después de algunas preguntas, preguntó: «¿Qué tan cerca del borde del acantilado crees que podrías conducir sin caer al precipicio?».

El joven solicitante asintió con la cabeza dando a entender que comprendió la pregunta. Luego respondió: «Bueno, estoy seguro de que puedo conducir muy cerca pero, si me contrata, haré todo lo posible para manejar pegado a la montaña y lo más alejado posible del borde».

El dueño le extendió la mano y le dijo: «Estás contratado».

Para el hombre que lucha con el goliat de la lujuria, la pregunta nunca debería ser: «¿En qué tipo de situaciones puedo ponerme para probar mi autocontrol?». El hombre sabio evita las experiencias que obviamente le incitarán a una tentadora lujuria. David estaba en el lugar equivocado en el momento equivocado. Subestimó a su enemigo y a su propia determinación de resistir. En palabras del gran teólogo Clint Eastwood, protagonista de la película *Magnum Force,* «el hombre debe conocer sus limitaciones».

Una tercera situación que nos hace vulnerables al goliat de la lujuria es lo que vemos. David estaba en su balcón en vez de estar liderando su responsabilidad en la batalla. Mientras miraba por encima de los tejados de Jerusalén, notó que una joven se estaba bañando. En la antigüedad, el agua se almacenaba en los tejados. No era raro que una persona se bañara en el techo. Eso fue en la noche; Betsabé intentó ser prudente y pensó que pasaría inadvertida. Pero David la vio. Se detuvo a observarla. Se hizo fantasías con ella. La acechó.

Después de graduarnos de la escuela secundaria, mis mejores amigos y yo fuimos a acampar en el río Yuba, al norte de California. Éramos cinco chicos pasando el rato, pescando y paseando en canoa río abajo. Ignorábamos que había una comuna hippie en el bosque, no muy lejos de donde estábamos acampando. Un día decidimos ir de excursión a lo largo del río y, de repente, nos encontramos con varias personas desnudas retozando en el agua. Al instante, mi mirada se dirigió a las mujeres desnudas. Nada inhibidas, ellas nos saludaron y nos invitaron a entrar al agua. Fuera por vergüenza juvenil o por la protección de Dios, todos desviamos la vista, nos volteamos y caminamos hacia el otro lado. Éramos chicos, así que, por supuesto, nos dimos cuenta de las mujeres, pero no nos quedamos mirándolas ni boquiabiertos. ¡Huimos!

Cuando un hombre busca el pecado, lo encuentra. Cuando un hombre busca una salida para su pasión lujuriosa, la consigue. Cuando un hombre determina que va a ceder ante la lujuria, cede. Cuando vemos a todos lados, siempre encontramos al pecado. Las palabras de Dios a Caín se aplican a todos los hombres: «¿Por qué estás tan enojado? —preguntó el Señor a Caín—. ¿Por qué te ves tan decaído? Serás aceptado si haces lo correcto, pero si te niegas a hacer lo correcto, entonces, ¡ten cuidado! El pecado está a la puerta, al acecho y ansioso por controlarte; pero tú debes dominarlo y ser su amo» (Génesis 4:6-7, NTV). El goliat de la lujuria siempre se agazapa para escurrirse inadvertido por debajo de la puerta. Debemos enfrentarlo, dominarlo y vencerlo.

Somos vulnerables al goliat de la lujuria cuando no asumimos nuestra responsabilidad. En vez de estar con sus hombres, David se quedó solo en su palacio. Sus sirvientes, intimidados por su autoridad, carecían de libertad para decirle la verdad respecto a su vida. Una vez sin responsabilidad, David se quedó solo y cedió a la tentación. Cuando estamos solos y nadie sabe lo que estamos haciendo, el goliat de la lujuria nos ataca. Cuando no tenemos responsabilidad, nos engañamos y creemos en las mentiras del enemigo.

Hace varios años, mi familia vivía en Thousand Oaks, California. Me desempeñaba como pastor principal de una iglesia en esa localidad y solía preparar mis sermones en las afueras de una cafetería Starbucks. El lugar era parte de un centro comercial enorme en el que muchas personas se sentaban afuera y disfrutaban del clima sureño californiano. Un día tomé mi café, mi Biblia y algunos comentarios que tenía apilados en la mesa frente a mí. Absorto en mi estudio, me desconecté de toda la algarabía y el ruido exterior.

Sin embargo, con mi visión periférica, noté a una atractiva y sonriente mujer de cabello rubio viendo en dirección hacia mí. Alcé la vista y le devolví la sonrisa. Pensé que probablemente era alguien que había visitado la iglesia o que había conocido en la comunidad. Cuando comencé a observar mis notas del sermón, me di cuenta de que se había levantado de su silla y se dirigía hacia mí. Giré mi cabeza y sonreí nuevamente mientras ella se acercaba a mi mesa. Para ser franco, en el tiempo que caminó hacia mí, vi que poseía muchas cualidades físicas que los hombres encuentran atractivas y seductoras (sí, soy hombre, ¡y me di cuenta!). Cuando llegó frente a mí, me dijo:

—Hola, te he visto por aquí antes.

Le respondí que venía muy a menudo; que me gustaba el café y, además, era un buen lugar para estudiar.

Entonces siguió diciendo:

—Le dije a mi amiga que había un chico al que había visto antes en este lugar.

Miré por encima de ella y su amiga me saludó con la mano, así que le devolví el gesto. La mujer continuó:

—Le pregunté a mi amiga qué debía decirle y me dijo: «¿Por qué no le dices simplemente: Aquí estoy. Tómame. Soy tuya?». Así que, aquí estoy. Tómame. ¡Soy tuya!

De inmediato sentí calor por todas partes y hasta comencé a sudar. Una voz aterrorizada dentro de mi cabeza gritó: *¡Dios mío, esta mujer está tratando de seducirme!*

Antes de que pudiera tartamudear una respuesta, me miró la mano y me preguntó:

—¿Es eso un anillo de compromiso? ¿Eres casado?

—Sí, afirmativo —le dije.

—¿Y es esta una Biblia? —dijo casi gritando.

—Y algo peor —le dije—. Soy pastor.

—Oh no, traté de seducir a un pastor —se lamentó. Después que se calmó, intentó decirme que nunca había hecho algo así y se avergonzó de sí misma.

Le agradecí el cumplido por la atracción que sintió por mí y la animé a asistir a una iglesia en la ciudad (¡no la que yo pastoreaba!). Después que se fue, recogí mis cosas y me metí en mi auto. Inmediatamente llamé a mi esposa y le conté todo lo que había sucedido. Quería que orara por mí y así mantenerme fiel a mi compromiso. Sabía que, aun cuando me había resistido a la tentación en ese momento, el malvado traería el incidente de vuelta a mis pensamientos, y muy probablemente traería de vuelta a esa mujer a mi vida. Quería que el compromiso continuara en el camino correcto.

Unas semanas más tarde, mi esposa y yo decidimos ir a un restaurante de la localidad. Cuando estábamos entrando, la seductora chica que me encontré en el patio de la cafetería estaba saliendo. Sonreímos y la saludamos al pasar al lado de nosotros; entonces mi esposa me agarró del brazo y me dijo: «Es ella, ¿no?». El compromiso siempre es nuestro mejor aliado para ayudarnos a resistir al goliat de la lujuria. El escritor de Hebreos nos exhorta: «Cuídense, hermanos, de que ninguno de ustedes tenga un corazón pecaminoso e incrédulo que los haga apartarse del Dios vivo. Más bien, mientras dure ese "hoy", anímense unos a otros cada día, para que ninguno de ustedes se endurezca por el engaño del pecado» (Hebreos 3:12-13). Todo hombre necesita el aliento y el apoyo de los demás para que no se endurezca por el engaño del pecado. Cuando no asumimos un compromiso, somos vulnerables al goliat de la lujuria.

Un último factor que nos hace vulnerables al goliat de la lujuria es cuando no rendimos inmediatamente nuestra tentación a Cristo. David no estaba donde se suponía que debía. Estaba en el balcón, buscando oportunidad para pecar. Vio a Betsabé y su lujuria se activó con la tentación. En ese momento, David tenía una opción: ceder a la tentación y actuar pecando, o rendir su tentación a Dios y pedir su ayuda. Todos los hombres se enfrentan a esa misma opción cuando el goliat de la lujuria ataca. El pecado siempre es una elección. El apóstol Pablo promete:

> Ustedes no han sufrido ninguna tentación que no sea común al género humano. Pero Dios es fiel, y no permitirá que ustedes sean tentados más allá de lo que puedan

aguantar. Más bien, cuando llegue la tentación, él les dará también una salida a fin de que puedan resistir (1 Corintios 10:13).

Dios siempre brinda una forma de escapar de toda tentación. Incluso cuando Betsabé estaba acostada y desnuda en la cama con David, él todavía podría haberse resistido a consumar el acto. Sin embargo, su determinación fue mucho más fuerte cuando la vio por primera vez en el balcón. Como a menudo digo cuando hablo con los jóvenes: «Debes determinar tus convicciones mucho antes de que las ventanas se empañen en el auto». Mientras más le demos al pecado la oportunidad de establecer un punto de apoyo en nuestro corazón y nuestra mente, es más probable que cedamos por completo. Toda tentación debe ser entregada de inmediato a Jesucristo. Si le pedimos su ayuda, Él es fiel y sensible:

> Por lo tanto, ya que, en Jesús, el Hijo de Dios, tenemos un gran sumo sacerdote que ha atravesado los cielos, aferrémonos a la fe que profesamos. Porque no tenemos un sumo sacerdote incapaz de compadecerse de nuestras debilidades, sino uno que ha sido tentado en todo de la misma manera que nosotros, aunque sin pecado. Así que acerquémonos confiadamente al trono de la gracia para recibir misericordia y hallar la gracia que nos ayude en el momento que más la necesitemos (Hebreos 4:14-16).

Cuando el goliat de la lujuria invade nuestras vidas, podemos pedirle ayuda a Jesús para resistir la tentación y caminar en victoria. Él comprende y entiende nuestras debilidades; además, es fiel para darnos gracia y ayuda en el momento de la necesidad.

Reconocer cuándo somos vulnerables es un aspecto importante de la lucha continua contra el goliat de la lujuria. Para enfrentarlo y derrotarlo, necesitamos un plan respaldado por argumentos bíblicos. Algunas Escrituras, tomadas en conjunto, nos dan una estrategia adecuada para enfrentar al goliat de la lujuria. La primera es Gálatas 5:16: «Así que les digo: Vivan por el Espíritu, y no seguirán los deseos de la naturaleza pecaminosa». Cuando andamos por el Espíritu, no concretaremos los deseos de la carne. El texto no dice que no tendremos los deseos de la carne. Si estás orando para que Dios te quite los deseos, es mejor que te detengas. La clave es no despojarse de ellos; es entregarlos al control del Espíritu Santo. Cuando el Espíritu Santo controla nuestras vidas, no actuamos con lujuria ni satisfacemos nuestros deseos lujuriosos. La expresión traducida como «no seguirán» en este versículo viene de la palabra griega *teleo*.

Teleo significa poner fin, completar, terminar o llevar a cabo. Caminar por el Espíritu garantiza que no cumpliremos nuestros deseos al participar en actos lujuriosos y pecaminosos. La tentación puede estar presente, pero la resistimos y optamos por el camino de escape que Cristo nos proporciona. Andar en el Espíritu es el camino proactivo que Dios llama a cada hombre a seguir.

Un segundo pasaje que es decisivo en nuestra estrategia bíblica para lograr la victoria es Colosenses 3:5: «Por tanto, hagan morir todo lo que es propio de la naturaleza terrenal: inmoralidad sexual, impureza, bajas pasiones, malos deseos y avaricia, la cual es idolatría». Debemos matar los pecados de la pasión en nuestra vida. Esos pecados tienen el potencial de consumirnos, capturarnos y convertirse en los ídolos que adoremos. El goliat de la lujuria debe ser ejecutado para que podamos ganar la victoria.

Todos los fanáticos de las artes marciales han oído hablar de Bruce Lee. Es un ícono en el mundo de las películas de artes marciales y en la historia del deporte. Una de las razones por las que Bruce Lee es tan popular es por el misterio que rodea su muerte. Cuando joven, en el mejor momento de su carrera como actor, Bruce Lee falleció de manera misteriosa en Hong Kong. La autopsia no fue concluyente en cuanto a la causa, por lo que abundan los rumores. Algunos creen que murió por un *dim mak* o «toque de muerte», que es un golpe secreto que resulta en la muerte del que lo recibe. Cuando ese toque mortal se aplica con precisión, los órganos del receptor —en el punto de ataque—, comienzan a colapsar hasta que el individuo muere. El que recibe un *dim mak* muere misteriosamente a los pocos días. Muchos creen que un practicante le aplicó uno a Bruce Lee y, como resultado, murió de manera prematura.

Todo hombre piadoso necesita darle un dim mak a la lujuria. Debemos matar la inmoralidad sexual, la lujuria y las pasiones pecaminosas. Esto requiere una decisión seria y calculada. Debemos decidir seguir a Jesucristo sin importar lo que requiera; vamos a buscar la piedad, y no vamos a tolerar ningún ídolo en nuestras vidas. Matar al ídolo de la lujuria es un paso necesario para cualquier hombre que realmente desee derrotar a ese goliat.

Un tercer pasaje que nos ayuda a desarrollar una estrategia para enfrentar al goliat de la lujuria es 1 Corintios 6:18-20:

Huyan de la inmoralidad sexual. Todos los demás pecados que una persona comete quedan fuera de su cuerpo; pero el que comete inmoralidades sexuales peca contra su propio cuerpo. ¿Acaso no saben que su cuerpo es templo del Espíritu Santo, quien está en ustedes y al que han recibido de parte de Dios? Ustedes no son sus propios dueños; fueron comprados por un precio. Por tanto, honren con su cuerpo a Dios.

Debemos honrar a Dios con nuestros cuerpos. El pecado sexual se convierte en esclavitud y cautiva incluso a nuestros cuerpos. Como hombres nuevos en Cristo, tenemos el Espíritu Santo en nosotros, debemos huir de la inmoralidad sexual y honrar a Dios con nuestros cuerpos. Este pasaje es una fuerte advertencia y un mandato a que «huyamos del pecado». Nuestra conciencia de lo destructivo del pecado y el deseo de agradar a

Cristo, deberían llevarnos a hacer radicalmente todo lo que sea para huir de la tentación de la inmoralidad sexual.

Debemos ser como José en el Antiguo Testamento. Este joven fue vendido como esclavo, pero rápidamente se distinguió en la casa de Potifar, su amo. José fue puesto a cargo de todas las tareas del hogar y se le confió todo lo que Potifar poseía. Pero José era un joven apuesto y la esposa de Potifar estaba loca por él. Día tras día, la malvada mujer asediaba a José y, en esencia, le cantaba una canción romántica y seductora. Un día lo arrinconó, lo agarró y trató de seducirlo. ¿Qué hizo José? ¡Salió como alma que lleva el diablo! José aplicó 1 Corintios 6:18, literalmente huyó de la inmoralidad sexual (ver Génesis 39:1-12). Cuando el goliat de la lujuria se interpone en nuestro camino, debemos resistir la tentación. *A veces la mejor manera de resistir es correr en la dirección opuesta.*

Una Escritura final que nos ayuda a armar un plan estratégico para derrotar a Goliat es Mateo 4:1-11:

Luego el Espíritu llevó a Jesús al desierto para que el diablo lo sometiera a tentación. Después de ayunar cuarenta días y cuarenta noches, tuvo hambre. El tentador se le acercó y le propuso:

—Si eres el Hijo de Dios, ordena a estas piedras que se conviertan en pan.

Jesús le respondió:

—Escrito está: «No solo de pan vive el hombre, sino de toda palabra que sale de la boca de Dios».

Luego el diablo lo llevó a la ciudad santa e hizo que se pusiera de pie sobre la parte más alta del templo, y le dijo:

—Si eres el Hijo de Dios, tírate abajo. Porque escrito está:

«Ordenará que sus ángeles
te sostengan en sus manos,
para que no tropieces con piedra alguna».

También está escrito: «No pongas a prueba al Señor tu Dios», le contestó Jesús.

De nuevo lo tentó el diablo, llevándolo a una montaña muy alta, y le mostró todos los reinos del mundo y su esplendor.

—Todo esto te daré si te postras y me adoras.

—¡Vete, Satanás! —le dijo Jesús—. Porque escrito está: «Adora al Señor tu Dios y sírvele solamente a él».

Entonces el diablo lo dejó, y unos ángeles acudieron a servirle.

Satanás se llegó a Jesús y lo tentó tres veces. Cada tentación era una apelación a los deseos humanos de Jesús. Como Hijo eterno de Dios, Jesús podría haber aplastado al diablo como un insecto. Pero en su calidad de hombre perfecto, Jesús se rindió al Espíritu Santo y dependió completamente de la Palabra de Dios. Respondió a cada tentación confiando en la autoridad de las Escrituras y citándole la Palabra de Dios al diablo. Jesús salió victorioso porque usó la espada del Espíritu, que es la Palabra de Dios.

Cuando usamos la Palabra de Dios como arma para desviar y vencer la tentación, experimentamos la victoria de Jesucristo. La autoridad y la veracidad de la Palabra de Dios vencen al goliat de la lujuria. La herramienta del enemigo es el engaño, pero el arma de Dios es la verdad, la cual nos libera. Debemos traer cada pensamiento, cada tentación y cada fantasía a la luz de la Escritura; cuando lo hacemos, el diablo se detiene en seco. Pedro nos insta: «Por eso, dispónganse para actuar con inteligencia: tengan dominio propio; pongan su esperanza completamente en la gracia que se les dará cuando se revele Jesucristo» (1 Pedro 1:13). Cuando nuestras mentes están preparadas para la acción, reconocemos el goliat de la lujuria y estamos listos para responder con la Palabra de Dios.

De las Escrituras usadas en este capítulo, presento un paquete inicial de versículos que puedes usar para responderle al diablo cuando intente atacarte a través del goliat de la lujuria:

Huyan de la inmoralidad sexual. Todos los demás pecados que una persona comete quedan fuera de su cuerpo; pero el que comete inmoralidades sexuales peca contra su propio cuerpo. ¿Acaso no saben que su cuerpo es templo del Espíritu Santo, quien está en ustedes y al que han recibido de parte de Dios? Ustedes no son sus propios dueños; fueron comprados por un precio. Por tanto, honren con su cuerpo a Dios (1 Corintios 6:18-20).

Por tanto, hagan morir todo lo que es propio de la naturaleza terrenal: inmoralidad sexual, impureza, bajas pasiones, malos deseos y avaricia, la cual es idolatría (Colosenses 3:5).

Así que les digo: Vivan por el Espíritu, y no seguirán los deseos de la naturaleza pecaminosa (Gálatas 5:16).

Ustedes no han sufrido ninguna tentación que no sea común al género humano. Pero Dios es fiel, y no permitirá que ustedes sean tentados más allá de lo que puedan aguantar. Más bien, cuando llegue la tentación, él les dará también una salida a fin de que puedan resistir (1 Corintios 10:13).

Por eso, dispónganse para actuar con inteligencia: tengan dominio propio; pongan su esperanza completamente en la gracia que se les dará cuando se revele Jesucristo 1 Pedro 1:13).

Discusión

Echa un vistazo

Lee 1 Samuel 17:1-11, 16, 24.

- ¿Cuál es la respuesta humana cuando un hombre se enfrenta a un Goliat?
- Para la mayoría de los hombres, la lujuria es un goliat constante. ¿Cómo degrada la lujuria al hombre y se convierte en un obstáculo para que busque a Cristo?

Considera

- Lee 2 Samuel 11:1-5. ¿Cómo se enredó David con el goliat de la lujuria?
- Según el ejemplo de David, ¿qué hace que un hombre sea vulnerable a ser derrotado por sus propios deseos?
- Busca los siguientes versículos y discute sobre las advertencias e instrucciones de la Biblia en cuanto a cómo lidiar con la lujuria: 1 Juan 2:15-17; Santiago 1:13-15; Romanos 13:14; Gálatas 5:17; Colosenses 3:5; Romanos 8:12-13.

Hazlo

- Según las Escrituras anteriores, ¿qué compromiso quiere Dios que hagas al enfrentar el goliat de la lujuria?
- ¿Cuál es la promesa de Dios en 1 Corintios 10:13? ¿Qué significa eso para ti?
- ¿Qué medidas puedes tomar para reclamar la promesa de Dios y vencer la lujuria?

CAPÍTULO 7

ENFRENTA AL GOLIAT DE LA IRA

Como David, y como cualquier otro hombre, en algún momento caminarás hacia el valle de Ela y te enfrentarás cara a cara con el enemigo. Tu goliat puede ser la ira. Un goliat que se burla y deja a las víctimas destrozadas y con cicatrices en el camino. Puedes luchar con una ira descontrolada o tal vez solo sean reacciones pasivo-agresivas pero, de cualquier manera, tu corazón está constantemente en crisis en lugar de ser gobernado por la paz de Cristo. Esta fue la lucha del rey Saúl:

> Ahora bien, cuando el ejército regresó, después de haber matado David al filisteo, de todos los pueblos de Israel salían mujeres a recibir al rey Saúl. Al son de liras y panderetas, cantaban y bailaban, y exclamaban con gran regocijo:
> «Saúl mató a sus miles,
> ¡pero David, a sus diez miles!».

Disgustado por lo que decían, Saúl se enfureció y protestó: «A David le dan crédito por diez miles, pero a mí por miles. ¡Lo único que falta es que le den el reino!». Y a partir de esa ocasión, Saúl empezó a mirar a David con recelo (1 Samuel 18:6-9).

La ira puede tener muchas causas: expectativas incumplidas, objetivos bloqueados, circunstancias traumáticas, personas difíciles, cambio bioquímico e incluso un ataque demoníaco directo. En el caso de Saúl, su ira era alimentada por los celos. Saúl estaba celoso por la ovación que recibió David. Sin proponérselo, David compitió con los elogios y la adulación a Saúl. David era el chico nuevo de la cuadra y todos estaban enamorados de él. Saúl era egoísta; quería ser el número uno a los ojos de todos, por lo que se puso celoso y enojado debido al éxito de David.

Los celos de Saúl le hicieron asumir una actitud airada hacia David. Oculta bajo su investidura real, Saúl albergaba ira en su corazón. Esta ira finalmente encontró una salida injusta. 1 Samuel 18:10-11 cuenta la historia:

Al día siguiente, el espíritu maligno de parte de Dios se apoderó de Saúl, quien cayó en trance en su propio palacio. Andaba con una lanza en la mano y, mientras David tocaba el arpa, como era su costumbre, Saúl se la arrojó, pensando: «¡A este lo clavo en la pared!». Dos veces lo intentó, pero David logró esquivar la lanza.

La ira de Saúl, sin control, sin confesión y sin arrepentimiento, se expresó en una acción violenta. Saúl trató de matar a David. El texto dice: «Al día siguiente, un espíritu maligno de parte de Dios vino con fuerza sobre Saúl». Un espíritu demoníaco, al que Dios permitió el acceso, se aprovechó de la ira pecaminosa de Saúl y lo engañó para que actuara con intenciones asesinas. La ira pecaminosa es un goliat que puede generar terribles consecuencias.

Hace un momento mencioné que la ira puede tener múltiples orígenes. Supongamos que voy manejando en la autopista, ocupado en mis asuntos, cuando de repente un conductor —a toda velocidad— pasa a mi lado y cambia de carril de manera irresponsable, obstaculizando mi camino. Así que reacciono, hago sonar la bocina y le tiro el carro encima... ¡Ah, lo siento, eso es lo que me pasó esta mañana! En serio, podría ser algo tan sencillo como un percance en la autopista.

O tal vez mi esposa me dice algo en un tono irrespetuoso y pienso: *Merezco algo mejor que eso*. En vez de olvidar el asunto, lo cocino todo el día. Así que cuando llego a casa y mi esposa me saluda calurosamente en la puerta —como estoy enojado—, desahogo mi frustración o asumo una conducta pasivo-agresiva y le hago una guerra fría. A veces, la ira es algo sistémico que tiene sus raíces en conflictos no resueltos o experiencias dolorosas del pasado.

Hace muchos años, cuando trabajaba en mi primer pastorado, pasé por una temporada de ira. La gente me molestaba mucho. Sentía que las expectativas que todos tenían conmigo eran muy altas, de modo que podía fijar mis límites y decepcionarlos o podía tratar de vivir de acuerdo a sus caprichos y perder yo. De cualquier forma me sentía acorralado. Ese fue mi primer trabajo como pastor principal. Realmente quería servir y tener éxito, así que decidí elegir la opción B, pero me sentí cada vez más frustrado. Llegó un punto en el que sabía que necesitaba ayuda y asesoramiento de alguien. Uno de mis amigos era consejero cristiano, así que lo invité a almorzar para tratar el problema.

Mientras hablaba de todos mis conflictos, dijo que estaba al tanto de la cultura eclesiástica y que sabía que estaba tratando con algunas personas poco saludables.

«Sí», dije, «pero no estoy manejando eso muy bien; por lo que necesito ayuda».

Así que programé una cita para reunirme con él en su oficina. Empezamos a hablar y me hizo muchas preguntas sobre mi vida, mis antecedentes y mi familia. Le dije que mi padre había muerto cuando yo era joven y que mi madre había mantenido a la familia unida, que era una mujer extraordinaria. Me pidió que le contara un recuerdo temprano de mi padre. Volví a una discusión que recuerdo que mis padres tuvieron cuando solo tenía ocho años.

Mi papá tenía cáncer de pulmón y en esos días los tratamientos eran muy limitados. Así que le quitaron uno de sus pulmones y se sometió a radioterapia en el que le quedó funcionando. Siempre habíamos sido pobres pero, con mi padre enfermo e incapacitado para trabajar, no teníamos ingresos para la familia. Mi mamá no sabía manejar y no tenía trabajo; literalmente dependíamos de los vecinos que dejaban bolsas de alimentos en el porche de la casa. Como era niño, no estaba consciente de todos los problemas, solo notaba la tensión que creaban.

Cierto día en particular, llegué a casa de la escuela y encontré a mis padres discutiendo. Mi madre estaba preocupada por nuestra familia y nuestras finanzas; mi papá, típico de los hombres de su generación, no discutía ese tipo de cosas con mi mamá. Mientras relataba esta historia en la oficina del consejero, le conté lo que recordaba del diálogo.

Mi papá gritó:

—Me ocuparé de la familia; no te preocupes.

—Pero estás enfermo y no puedes trabajar —respondió mamá—. ¿Qué vamos a hacer?

—Conseguiré un trabajo —volvió a gritar papá.

Como había estado parado allí, observándolos, miré a papá y le dije:

—Papi, ¿cuándo vas a buscar trabajo? Si siempre estás tendido en tu silla.

En ese momento mi padre, que era un hombre de un metro ochenta, se levantó y me gritó:

—¡Conseguiré un trabajo! ¡Lo conseguiré!

—J. P., ¿te escuchas?, J.P. —ahora era mi amigo el terapeuta quien me hablaba.

Estaba tan absorto contando la historia que me interné en el recuerdo.

—¿Qué? —dije.

—¿Te escuchas a ti mismo? ¿Oyes cómo estás hablando?

De repente, me di cuenta de la forma en que relataba lo sucedido. Mi voz imitaba la de un niño pequeño.

Mi amigo dijo:

—Estás hablando como si todavía fueras ese pequeño niño de ocho años.

Cuando dijo eso, de la nada, con la fuerza de una emoción incontrolada, comencé a llorar, ¡y a llorar de verdad! Sentí que se me había abierto la compuerta de una represa desbordada y no podía dejar de llorar. Me sentí libre, aunque también avergonzado. Mientras lloraba, pensé: *¡Oh, no, ahora va a pensar que estoy realmente loco!*

El consejero me hizo algunas preguntas más, parecía estar mirando directamente a mi alma. Cuando la cita llegó a su fin, me sonrió y dijo:

—J. P., no creo que tengas un problema de ira. Lo que tienes es un problema de vergüenza. Interiorizaste muy temprano en tu vida que debías ser la ayuda de la familia, el niño bueno, el chico perfecto. En algún punto del camino, llegaste a creer que cuando las personas que te rodeaban no eran felices era culpa tuya en alguna manera. Has llevado una carga que nunca debiste acarrear. Tu ira es la señal de advertencia de que la gente está presionándote el botón de la vergüenza. Cuando las personas se fijan expectativas contigo y sientes la carga de cumplirlas, te sobrecargas. Comienzas a resentirte con aquellos que amas y a los que quieres servir, porque temes no poder darles lo que necesitan. Tus sentimientos no son correctos ya que se supone que tienes que poder satisfacer sus necesidades. Tu ira es realmente el resultado de la vergüenza que sientes. No es solo que hiciste algo malo; te sientes mal. Te sientes como ese niño de ocho años que hizo enojar a su padre, cuando realmente tu padre estaba forzándote a airarte y a avergonzarte. El proceso de tu sanidad tiene que ver con la forma de tratar con la vergüenza, que es la causa de tu ira. Esas palabras de verdad aliviaron y trajeron sanidad a mi alma. El tema inicial que tratamos fue la ira, pero la verdadera causa fue la vergüenza. Como Saúl, y como yo, todos los hombres se enfrentan al goliat de la ira, misma que es causada por algo. Parte del proceso de sanidad, y un paso en el camino hacia la victoria, es descubrir la fuente de esa ira. David una vez pronunció la siguiente oración:

> Examíname, oh Dios, y sondea mi corazón;
>   ponme a prueba y sondea mis pensamientos.
> Fíjate si voy por mal camino,
>   y guíame por el camino eterno (Salmos 139:23-24).

Quizás necesites repetir la oración de David. Pídele a Dios que te muestre por qué se agita la ira en tu alma. Pregúntale por qué te sientes frustrado y descontrolado. *Pídele que escrute tu corazón y te revele la causa de tu ira, y luego entrégale todo tu corazón a Jesús.* Pídele que te guíe por el camino eterno. Es posible que necesites un amigo o pastor de confianza o un consejero que te ayude a identificar la causa de tu enojo. Cualquiera sea la causa, Jesucristo puede traer sanidad, perdón y transformación a tu vida.

Enfrentamos el goliat de la ira cuando abrimos nuestros corazones a Jesucristo. Le pedimos su gracia y su verdad para que nos sane y nos libere. Necesitamos un plan estratégico centrado en el evangelio para derrotar a ese goliat. Lo cual nos da Dios exactamente en Efesios 4:

> Si de veras se les habló y enseñó de Jesús según la verdad que está en él. Con respecto a la vida que antes llevaban, se les enseñó que debían quitarse el ropaje de la vieja naturaleza, la cual está corrompida por los deseos engañosos; ser renovados en la actitud de su mente; y ponerse

el ropaje de la nueva naturaleza, creada a imagen de Dios, en verdadera justicia y santidad (vv. 21-24).

Pablo argumenta que nuestra salvación fue una conversión cabal. Dejamos de lado nuestro viejo yo y nos vestimos del nuevo. Ahora estamos siendo renovados en la actitud de nuestras mentes. Dios nos está haciendo como Él en cuanto a la verdadera justicia y la santidad. Pablo usa los términos «quitarse» y «ponerse». Estas palabras también se usan para describir el acto de quitarse la ropa sucia y ponerse ropa limpia.

Cuando jugaba fútbol en mi último año de secundaria, como muchos atletas, era supersticioso. Mi amuleto de la buena suerte era la camisa que llevaba debajo de mis hombreras y mi jersey. Después de la práctica, mi camisa estaba empapada de sudor. La colgaba en mi casillero y, al día siguiente, después que el aire de la noche la secaba, volvía a ponerme aquella camisa sucia y curtida. ¡Me las arreglé para usarla toda la temporada sin lavarla una sola vez! Asqueroso, lo sé, pero como dice el comercial: «Es extraño que eso no dé resultado».

Desde una perspectiva racional, la idea de ponerse una camisa sucia y sudorosa es incongruente. De la misma manera, si nosotros —que somos hombres nuevos en Cristo—, volvemos a ponernos la «ropa de nuestra vieja naturaleza», cometemos una insensatez. Somos hombres nuevos. Nuevas criaturas. Dejamos de lado al viejo ser. Lo sensato es ponernos la ropa limpia, esa que implica amor, misericordia, bondad, justicia, compasión, humildad y todo el fruto del Espíritu. Hemos sido convertidos; vivimos la vida cristiana como hombres nuevos en Cristo que están en constante proceso de renovación.

Este es lo que fundamenta las siguientes palabras del apóstol Pablo. Con ellas, está a punto de darnos un plan estratégico para que derrotemos al goliat de la ira, pero antes nos recuerda que vivamos nuestra identidad en Cristo. *Como hombres que han relegado la vieja naturaleza y han adoptado la nueva identidad en Cristo, tenemos los recursos para luchar contra el goliat de la ira.* Veamos a continuación las instrucciones que el apóstol Pablo nos extiende:

> Por lo tanto, dejando la mentira, hable cada uno a su prójimo con la verdad, porque todos somos miembros de un mismo cuerpo. «Si se enojan, no pequen». No permitan que el enojo les dure hasta la puesta del sol, ni den cabida al diablo. El que robaba, que no robe más, sino que trabaje honradamente con las manos para tener qué compartir con los necesitados.
>
> Eviten toda conversación obscena. Por el contrario, que sus palabras contribuyan a la necesaria edificación y sean de bendición para quienes escuchan. No agravien al Espíritu Santo de Dios, con el cual fueron sellados para el día de la redención. Abandonen toda amargura, ira y enojo, gritos y calumnias, y toda forma de malicia. Más bien, sean bondadosos y compasivos unos con otros, y perdónense mutuamente, así como Dios los perdonó a ustedes en Cristo (Efesios 4:25-32).

El plan estratégico del apóstol Pablo para luchar contra el goliat de la ira incluye varios pasos proactivos. Se trata de órdenes que se deben obedecer al pie de la letra. Todo hombre:

1. Debe dejar la falsedad y decir la verdad a cabalidad
2. Puede enojarse, pero no pecar
3. Puede airarse pero no dejar que el sol se ponga sobre su enojo
4. Debe negarse a darle al diablo un punto de apoyo
5. Debe dejar de robar y trabajar para tener algo que compartir con los necesitados
6. Debe evitar que salgan conversaciones malsanas de su boca y hablar solo de lo que edifica a los demás
7. Debe evitar entristecer al Espíritu Santo

8. Debe deshacerse de toda amargura, rabia e ira, peleas, calumnias y malicia
9. Debe ser amable, compasivo y perdonador.

Cada una de esas acciones requiere una decisión, un compromiso y una iniciativa. Nunca venceremos al goliat de la ira con un enfoque pasivo y débil. Eso no genera cambio en ninguna forma. Di como juran los novios en su boda: «Sí, lo prometo». Como pastor, he tenido el privilegio de presidir muchas ceremonias de matrimonio. Las personas que se casan se aman y se comprometen a convertirse en marido y mujer. En la ceremonia, hay una sección conocida como «promesa de compromiso». Les pregunto a los hombres y a las mujeres si amarán a su cónyuge, si se serán fieles mutuamente, si han de honrarse y si se servirán el uno al otro. Al final de la promesa, les brindo instrucciones a los novios: «Si es así, digan: "Sí, lo prometo"». Al decir «Sí, lo prometo», la persona realmente se compromete a actuar. Necesitamos decir «Sí, lo prometo» a todas las acciones descritas en Efesios 4:25-32, si es que vamos a luchar contra el enemigo y vencer al goliat de la ira.

El primer compromiso que debemos hacer es dejar de lado la falsedad y hablar con sinceridad. Las mentiras y el engaño son un caldo de cultivo natural en el que crece la ira. Es la verdad lo que nos hace libres; cuando tenemos relaciones basadas en la verdad, la ira es aplastada antes que tenga la oportunidad de cubrir nuestras vidas.

Sin embargo, no toda ira es pecado. La ira puede ser una respuesta positiva y justa. Dios se enoja. La clave de todo es airarse por las cosas correctas y enojarse de la manera correcta. Es por eso que se nos ordena que nos enojemos, pero que no pequemos. Cuando estamos justamente enojados, estamos bajo el control del Espíritu Santo y manifestamos el fruto del Espíritu. La ira, sin embargo, es volátil, y podemos pasar fácilmente de una ira justa a una pecaminosa. Por eso se nos advierte y se nos ordena no dejar que el sol se ponga mientras estemos enojados.

En otras palabras, pelea con la ira rápidamente. No la pongas en un segundo plano, ya que continuará hirviendo y afectando tu actitud, tus acciones y tus relaciones. El goliat de la ira destructiva es más probable que explote cuando ha estado ardiendo lentamente por mucho tiempo en nuestras vidas. Trata con él. Habla al respecto; habla con sinceridad y deja que la verdad te libere. Estos versículos nos exhortan a ser francos en cuanto a nuestra ira y a enfrentarla en el ámbito de la verdad. Cuando hacemos eso, mantenemos nuestro enojo bajo control, lo experimentamos con rectitud y no le damos al diablo un punto de apoyo en nuestras vidas.

Otro paso en nuestra estrategia de juego para derrotar al goliat de la ira en nuestras vidas es pasar de una actitud egocéntrica a una que se centre en los demás. Debemos dejar de engañar y trabajar para poder compartir con aquellos que lo necesitan. Si engañamos, estamos actuando con desprecio hacia los demás y con una actitud egoísta por nosotros mismos. El egoísmo alimenta la ira porque es una perspectiva engañosa. Creemos que todo tiene que ver con nosotros.

Cuando estoy presionado por el tiempo, para no llegar tarde y apresurarme a cumplir una cita, parece que todos en el camino son conductores precavidos y lentos. Me siento frustrado: ¡hablo conmigo mismo, tengo discusiones conmigo mismo y pierdo discusiones conmigo mismo! En realidad, las personas no conducen de manera diferente de lo que normalmente lo hacen. Lo que es diferente es que yo estoy enfocado en mí mismo; estoy siendo egoísta. Esa actitud egoísta me hace vulnerable al goliat de la ira.

Por tanto, ¿qué hacemos para combatir la actitud egoísta? La respuesta de Dios en Efesios 4:28 es que trabajemos duro para poder servir a los necesitados. Quitamos los ojos de nosotros mismos y preguntamos: «¿Cómo puedo servir a las personas que me necesitan a mi alrededor?». Cuando nuestra energía emocional fluye en el servicio a otros, no se está gastando internamente en una ira egoísta.

El siguiente elemento en el plan de juego para derrotar al goliat de la ira es el uso de nuestras palabras. Las palabras pueden acumularse o pueden destruirse. Las palabras airadas duelen; las palabras alentadoras y llenas de gracia bendicen. Pablo afirma lo siguiente: «Eviten toda conversación obscena. Por el contrario, que sus palabras contribuyan a la necesaria edificación y sean de bendición para quienes escuchan» (v. 29). Las palabras insanas son palabras que derriban, atacan, avergüenzan, critican, menosprecian y acusan. Son ataques personales diseñados para derribar y lastimar a otros. Jesús dijo que ese tipo de palabras salen del corazón (ver Marcos 7:21-22). Si nuestros corazones están dominados por el goliat de la ira, entonces nuestras palabras serán hirientes y destructivas. El hombre que se ha despojado de la vieja naturaleza y se ha puesto una nueva identidad en Cristo, ha recibido un nuevo corazón. Debemos pedirle a Jesús que llene y renueve nuestros corazones para que lo que salga de ellos no sea maldición sino bendición.

Nuestras palabras tienen el poder de bendecir o maldecir. Pedro exhorta: «En fin, vivan en armonía los unos con los otros; compartan penas y alegrías, practiquen el amor fraternal, sean compasivos y humildes. No devuelvan mal por mal ni insulto por insulto; más bien, bendigan, porque para esto fueron llamados, para heredar una bendición» (1 Pedro 3:8-9). El llamado de Dios a nuestras vidas es que seamos una bendición. Nuestras palabras pueden bendecir con gracia o pueden maldecir con expresiones insanas.

¿Quieres agregar gracia a la vida de alguien? Bendícelo con palabras que impartan gracia. ¿Reconoces que tus palabras no están llenas de gracia? Entonces percátate de que necesitas internalizar la gracia. Cuanta más gracia tengas en tu vida, más la difundirán tus palabras.

Cuando hablamos palabras nocivas, en realidad les robamos gracia a las personas y entristecemos al Espíritu Santo. La acción proactiva que debemos asumir para luchar contra el goliat de la ira es detener toda conversación grosera y, en vez de eso, pronunciar palabras de gracia que fortalezcan a los demás.

Pablo concluye su llamado a la acción recordándonos nuestra experiencia original de conversión. En los versículos 22-24, describió nuestra salvación en términos de quitarnos la vieja naturaleza y ponernos la nueva naturaleza en Cristo. Ahora vuelve a tomar esa analogía y dice:

> Abandonen toda amargura, ira y enojo, gritos y calumnias, y toda forma de malicia. Más bien, sean bondadosos y compasivos unos con otros, y perdónense mutuamente, así como Dios los perdonó a ustedes en Cristo (vv. 31-32).

Como si nos estuviéramos quitando la ropa sucia, debemos deshacernos de la amargura, la ira, las peleas, la calumnia y la malicia. Acciones que no son parte de nuestra nueva identidad en Cristo; son el resultado de ser dominados por el goliat de la ira. Necesitamos ver esas cosas por lo que son: destructivas, pecaminosas y la antítesis del comportamiento cristiano. De forma que necesitamos deshacernos de ellas. Como hombres nuevos en Cristo, necesitamos cultivar, desarrollar y vestirnos de bondad, compasión y perdón. Cuando mostramos esas cualidades, realmente estamos siguiendo a Jesús.

Los mandamientos de Efesios 4:25-32 solo pueden ser abrazados y seguidos cuando realmente nos hemos convertido a Cristo. El hombre que se ha quitado su vieja naturaleza y se ha puesto su nueva identidad en Cristo es el único que puede recurrir a los recursos de Cristo en su vida para luchar contra goliat. El goliat de la ira se burla, engaña y tienta a cada hombre, pero el nuevo hombre en Cristo puede reconocer a ese goliat y enfrentarlo en el nombre de Cristo. Podemos entregar nuestra ira a Cristo. Podemos pedirle su perdón. Podemos internalizar la gracia de Cristo y expresar la compasión de Él. Esta es la estrategia de juego para enfrentarse al goliat de la ira.

Discusión

Echa un vistazo
Lee 1 Samuel 17:10-11, 16, 24.

· ¿Qué le sucede a un hombre si sus ojos no están puestos en los recursos de Dios para triunfar cuando se enfrenta a Goliat?

· ¿Cómo pueden los goliats convertirse en patrones de comportamiento, hábitos pecaminosos o adicciones esclavizantes?

Considera
· Un goliat común que enfrentan los hombres es la ira. ¿Cómo puede la humana emoción de la ira volverse disfuncional y destructiva en la vida de un hombre?

· Lee 1 Samuel 18:10-29. ¿Cómo se convirtió la ira en el goliat de Saúl?

· ¿Cuáles fueron los efectos negativos de la ira de Saúl sobre sí mismo, su relación con los demás y su trato con Dios?

· ¿Qué dicen los siguientes versículos sobre la ira disfuncional y destructiva: Santiago 1:19-20; Proverbios 20:2; Proverbios 27:4; Proverbios 29:22; Proverbios 30:33?

Hazlo
· La única forma de lidiar con la ira es a través de una estrategia centrada en el evangelio. Lee los siguientes versículos y descubre lo que dicen acerca de cómo puede el hombre experimentar la estrategia de Dios para la victoria sobre la ira: Efesios 5:18-21; Efesios 4:25-32; Santiago 1:18-22.

· ¿Cuál es el próximo paso que darás para aplicar los recursos de Dios con el fin de lidiar con el goliat de la ira?

CAPÍTULO 8

ENFRENTA A GOLIAT CON LA VERDAD DEL EVANGELIO

Todos los hombres andan en una travesía espiritual. El paso más importante en esa marcha es cruzar la línea hacia una relación personal con Jesucristo. Eso sucede cuando creemos en el evangelio, que es la buena noticia de la salvación divina. Con más exactitud, ¡el evangelio son las buenas noticias acerca de las malas noticias!

Te preguntarás: «¿Cuáles son las malas noticias?». La Biblia es clara en lo que se refiere a que cada hombre tiene un problema de pecado: «Por cuanto todos pecaron y están destituidos de la gloria de Dios» (Romanos 3:23). El pecado no alcanza la gloria de Dios; es fallar en no ser lo que Dios ideó que fuéramos y no realizar lo que Dios nos ha mandado a hacer. Cada persona es medida por la perfección del amor y la santidad de Dios, y siempre queda corta. Cada persona elige por voluntad propia hacer lo suyo en vez de obedecer los mandamientos de Dios y, por lo tanto, es culpable de desobedecer a Dios. La mala noticia es que somos pecadores y el castigo por el pecado es la muerte: «Porque la paga del pecado es muerte, mientras que la dádiva de Dios es vida eterna en Cristo Jesús, nuestro Señor» (Romanos 6:23). La Biblia revela que la muerte, en todas sus formas, es resultado del pecado. La muerte física, la muerte espiritual y la muerte eterna son resultado del pecado. Cada hombre es pecador y dejado a su suerte, sufrirá las consecuencias de su pecado. Estas son las malas noticias del evangelio.

Hace algún tiempo, estaba sentado al lado de un señor en un avión. Intercambiamos saludos y pronto nos involucramos en una conversación espiritual profunda. Cuando le expliqué las buenas y las malas noticias del evangelio, alegó que no era pecador. Saqué una libreta amarilla y dibujé un gráfico. En la parte superior de la página escribí la palabra «Dios» y, entre paréntesis, escribí «perfecto». Dibujé otra línea en la parte inferior de la página; escribí la palabra «hombre» y, entre paréntesis, escribí «el peor pecador». Le expliqué lo que había escrito y luego le di mi bolígrafo.

Le pedí que trazara en el gráfico, una línea y le pregunté:

—¿Dónde crees que estás en términos de tu posición moral y tu responsabilidad con Dios? —observó el gráfico y comenzó a hacer una marca; antes que la completara, le hice otra pregunta—: ¿Alguna vez has oído hablar de Billy Graham?

Él respondió que sí, de modo que le dije:

—Billy Graham se colocaría en la parte inferior del gráfico.

—Hmm —respondió.

Nuevamente comenzó a hacer una marca en el gráfico y otra vez lo interrumpí:

—¿Alguna vez has oído hablar de la Madre Teresa?

—Por supuesto —respondió.

—Bueno, la Madre Teresa también se colocaría en lo último.

Ahora tenía una mirada perpleja y frustrada en su rostro.

—Bueno, sé que no soy mejor que Billy Graham ni que la Madre Teresa —replicó.

Continué explicándole que todos somos pecadores, que estamos separados de Dios y que ninguno de nosotros puede salvar esa separación a través de nuestros propios esfuerzos. Esas son las malas noticias del evangelio.

La buena noticia del evangelio es que Jesucristo tuvo una vida perfecta, murió en la cruz para pagar la pena por nuestro pecado y resucitó victorioso sobre el pecado y la muerte. El apóstol Pablo afirma: «Porque ante todo les transmití a ustedes lo que yo mismo recibí: que Cristo murió por nuestros pecados según las Escrituras, que fue sepultado, que resucitó al tercer día según las Escrituras» (1 Corintios 15:3-4). Cristo es el puente que nos conecta con Dios. *Él es la única manera de que nuestros pecados sean perdonados y reconciliados con un Dios santo.* Jesús mismo dijo: «Yo soy el camino, la verdad y la vida. Nadie llega al Padre sino por mí» (Juan 14:6). La razón por la cual Jesús es el único camino hacia Dios es porque Él es el *único* Dios-Hombre y es el único sustituto capaz de eliminar nuestro pecado. Dios acepta la muerte de Jesús como pago por nuestro pecado; por otra parte, su resurrección le da autoridad a su afirmación de que puede perdonar nuestro pecado y darnos vida eterna.

Recibimos esta verdad del evangelio por fe. Como dice Pablo: «Porque por gracia ustedes han sido salvados mediante la fe; esto no procede de ustedes, sino que es el regalo de Dios, no por obras, para que nadie se jacte» (Efesios 2:8-9). Dios nos salva solo por gracia, solo a través de la fe en Cristo. La salvación es la buena noticia sobre las malas noticias. Dios nos salva del castigo y el poder del pecado. ¡Derrota a Goliat y nos da su victoria! Esta victoria salvadora está a la disposición de cualquier hombre que invoque el nombre del Señor:

> Que, si confiesas con tu boca que Jesús es el Señor y crees en tu corazón que Dios lo levantó de entre los muertos, serás salvo. Porque con el corazón se cree para ser justificado, pero con la boca se confiesa para ser salvo.

Así dice la Escritura: «Todo el que confíe en él no será jamás defraudado». No hay diferencia entre judíos y gentiles, pues el mismo Señor es Señor de todos y bendice abundantemente a cuantos lo invocan, porque «todo el que invoque el nombre del Señor será salvo (Romanos 10:9-13).

En mi iglesia, nos referimos al acto de invocar al Señor para obtener la salvación como «*cruzar la línea*».

Hace varios años, en un retiro de hombres, me dirigí a una gran audiencia de caballeros sentados en un anfiteatro al aire libre. Detrás del escenario donde estaba hablando había una cruz de madera rústica. En mi mensaje, expliqué las malas noticias y las buenas noticias de la salvación en Cristo.

Luego tomé una cuerda larga, la estiré ante todos los congregados y desafié a los hombres a pedirle a Cristo que los salvara, a entregar por completo sus vidas a Él, a levantarse de donde estaban sentados y simbólicamente «cruzar la línea». De todos lados del anfiteatro, los hombres se levantaron de sus asientos y cruzaron la línea hacia la salvación. Desde ese primer retiro, he usado esta metáfora muchas veces para explicarles a los hombres la oferta de salvación de Dios en Cristo y su necesidad de arrepentirse y recibir a Jesús por fe.

¿Qué ha pasado contigo? ¿Has cruzado la línea? ¿Has llamado a Dios para que te salve de tu pecado a través de su provisión en Jesucristo? Si nunca has tomado esa decisión, o si no tienes la seguridad de que tus pecados han sido perdonados y que Cristo está en tu vida, ¿te gustaría recibirlo ahora? Si es así, por favor haz mi oración tuya. Estas palabras no tienen nada de mágico, pero expresan un corazón arrepentido y una actitud de fe. Usa la siguiente oración para invocar al Señor y pedirle que te salve, que te dé la confianza de que solo Cristo es tu Salvador y que nunca te abandonará:

Señor Jesús, admito que soy un pecador y que no puedo salvarme a mí mismo. Creo que moriste en la cruz por mis pecados y que resucitaste de la muerte. Jesús, perdona mis pecados y entra en mi vida. Me arrepiento y te recibo como mi Salvador y Señor. Toma el control de mi vida y sé mi Señor por el resto de mi existencia. Me entrego a ti y te doy gracias porque nunca me dejarás ni me abandonarás. En el nombre de Jesús, ¡amén!

Si repetiste sinceramente esta oración y le pediste a Jesús que entrara en tu vida, entonces, bajo la autoridad de la Palabra de Dios, debes saber que Dios escuchó tu clamor y te ha dado vida eterna. Esta promesa es para ti:

Todo el que cree en el Hijo de Dios sabe en su corazón que este testimonio es verdadero. Los que no lo creen en realidad llaman a Dios mentiroso porque no creen el testimonio que él ha dado acerca de su Hijo. Y este es el testimonio que Dios ha dado: él nos dio vida eterna, y esa vida está en su Hijo. El que tiene al Hijo tiene la vida; el que no tiene al Hijo de Dios no tiene la vida (1 Juan 5:10-12).

Dios nos ha dado la vida eterna. Esa vida se encuentra en el Hijo de Dios, Jesucristo. Si tienes al Hijo, entonces tienes la vida; pero si no tienes al Hijo, no tienes vida eterna. Si crees en el nombre del Hijo de Dios, puedes saber con verdadera certeza que tienes vida eterna. Dios quiere que cada uno de sus hombres confíe plenamente que Cristo está en su vida y que poseen vida eterna.

Ahora, por esta época, algunos de ustedes piensan: *Suena genial, pero ¿qué tiene que ver esto con enfrentar a mi goliat?* ¡Tiene todo que ver con enfrentar a goliat! Enfrentamos y derrotamos a los goliats que pretenden residir en nuestras vidas con la verdad del evangelio. Como ves, la historia de David y Goliat ilustra tanto las malas noticias como las buenas noticias del evangelio.

Primero, hay un enemigo que no podemos vencer con nuestras propias fuerzas. Ese enemigo se burla de nosotros, nos intimida y, a menos que lo derrotemos, nos esclaviza. Eso es pecado; ese es el diablo; ese es goliat. Esas son las malas noticias. Sin embargo, Dios nos brinda un camino de salvación. La batalla es del Señor. Él es nuestro Salvador. David, con la mirada fija en el enemigo, rechaza la armadura de Saúl. Y le dice: «No puedo pelear con todo esto». Con esta declaración, David afirma que no puede salvarse a sí mismo; su única esperanza es confiar en el Señor. Por eso, con esa confianza, David entra al valle de Ela y experimenta la victoria de Dios sobre Goliat. David nos muestra que el hombre debe abandonar sus recursos y confiar solo en Cristo para que le perdone sus pecados y le conceda la victoria. Por eso decimos confiados y seguros que enfrentamos a Goliat con la verdad del evangelio.

El evangelio declara que somos hombres nuevos en Jesucristo: «Por lo tanto, si alguno está en Cristo, es una nueva creación. ¡Lo viejo ha pasado, ha llegado ya lo nuevo!» (2 Corintios 5:17). Cuando invocamos al Señor, cruzamos la línea y creemos en Jesucristo, Dios nos hace nuevas personas y nos da una nueva identidad espiritual. La verdad más grande sobre nosotros es la que Dios dice. Cuando sabemos la verdad acerca de nosotros — debido al evangelio— y cuando vivimos en nuestra nueva identidad cristiana, podemos tener autoridad espiritual para resistir y derrotar a nuestros goliats. Jesús dijo: «Conocerás la verdad, y la verdad te hará libre» (Juan 8:32).

Las buenas nuevas del evangelio pueden entenderse en términos de tres categorías: la obra de Cristo, el don del Espíritu Santo y nuestra identificación con Cristo. Cada una de estas doctrinas nos revela lo que Dios ha hecho realidad para cada creyente en Cristo. La verdad más grande sobre nosotros es la que Dios dice. Debido a la obra de Jesucristo, como hombres de Dios, tenemos justificación, redención, propiciación y reconciliación. Estas no son solo palabras teológicas; estos términos describen las bendiciones que recibimos del evangelio y los recursos para pelear la batalla espiritual. Como lo afirma el apóstol Pablo:

Pero ahora, sin la mediación de la ley, se ha manifestado la justicia de Dios, de la que dan testimonio la ley y los profetas. Esta justicia de Dios llega, mediante la fe en Jesucristo, a todos los que creen. De hecho, no hay distinción, pues todos han pecado y están privados de la gloria de Dios, pero por su gracia son *justificados* gratuitamente mediante la *redención* que Cristo Jesús efectuó. Dios lo ofreció como un *sacrificio de expiación* que se recibe por la fe en su sangre, para así demostrar su justicia. Anteriormente, en su paciencia, Dios había pasado por alto los pecados; pero en el tiempo presente ha ofrecido a Jesucristo para manifestar su justicia. De este modo Dios es justo y, a la vez, *el que justifica* a los que tienen fe en Jesús.

¿Dónde, pues, está la jactancia? Queda excluida. ¿Por cuál principio? ¿Por el de la observancia de la ley? No, sino por el de la fe. Porque sostenemos que todos somos justificados por la fe, y no por las obras que la ley exige. ¿Es acaso Dios solo Dios de los judíos? ¿No lo es también de los gentiles? Sí, también es Dios de los gentiles, pues no hay más que un solo Dios. Él *justificará* por la fe a los que están circuncidados y, mediante esa misma fe, a los que no lo están (Romanos 3:21-30, énfasis añadido).

Pablo explica el evangelio respondiendo una interrogación. La pregunta es: ¿cómo puede un Dios santo y justo tener comunión con el hombre pecador? La respuesta de Pablo es que Dios debe eliminar la barrera del pecado y declararnos justos a través de la fe en Jesucristo. Dios es justo, por lo que la única forma en que podemos tener una relación con Él es siendo nosotros también justos. Como estamos muertos en nuestros delitos y pecados, ninguno de nosotros puede ser justo por esfuerzo propio. Debemos recibir una justicia imputada, es decir, no nuestra. Dios nos declara justos y nos da su justicia cuando depositamos nuestra fe en Jesucristo. Esta es la verdad de la justificación. La justificación es el juicio de Dios que nos declara no culpables y, mucho más que eso, efectivamente justos en Jesucristo.

La metáfora expone un tribunal en el que se nos acusa y en la que Dios funge como el juez. Lo cierto es que somos culpables. Pero Jesucristo murió como un sustituto justo por nuestro pecado. Cuando depositamos nuestra fe en Jesucristo, Dios —el juez justo—, nos declara no culpables. Nos declara justos y nos imparte su justicia. Esto es verdad porque Dios así lo afirma.

Cuando Goliat te acusa, te tienta y busca derribarte, puedes mantenerte firme en la verdad de tu justicia en Jesucristo. Recuerda: ¡La verdad más grande sobre ti es la que Dios dice!

Entonces, por causa de la obra de Jesucristo, no solo tienes justificación, sino que también tienes redención. La metáfora ideal que expone con mayor claridad el hecho de la redención es el escenario en el que se compra un sirviente en un mercado de esclavos. En el mundo antiguo, los esclavos se compraban y vendían en base a un acuerdo sobre el precio de compra. Una vez pagado el precio, el comprador podría liberar al esclavo. Todo hombre nace en la esclavitud del pecado, como lo explica el salmista. Nuestra única esperanza de libertad es que se pague el precio de compra-venta. Cuando Jesucristo murió en la cruz, derramó su sangre y compró nuestra libertad de la esclavitud del pecado.

Si tuvieras que ir a una gran ferretería como Home Depot —que es la versión para adultos de la famosa juguetería Toys R Us—, encontrarías todo tipo de herramientas y artículos de mejoras para el hogar. Cada artículo tiene una etiqueta con un código de barras. El código de barras registra el precio de ese artículo, y cuando se escanea ese código, aparece el precio del artículo en la pantalla de registro. Si deseas tomar legalmente un artículo de Home Depot, debes pagar el precio de compra estipulado. Al pagar el precio, el artículo es tuyo. Jesús pagó el precio de nuestros pecados, por lo que le pertenecemos. Su sangre nos liberó de la esclavitud del pecado, y ahora tenemos un nuevo amo: Jesucristo.

Cuando Goliat se interpone en el camino para impedir que progreses o te grita sus mentiras diciéndote que debes obedecer sus deseos, puedes decirle que tienes un nuevo amo. Ya no eres esclavo del pecado. Eres perdonado y cubierto por la sangre de Jesucristo. Has sido liberado y no tienes que caer en sus tentaciones ni rendirte a sus amenazas. Tienes justificación y redención en Jesucristo. ¡La verdad más grande sobre ti es la que Dios dice!

El pasaje de Romanos citado anteriormente describe cómo somos justificados y redimidos en Jesucristo. También explica cómo la obra de Cristo nos ha asegurado la propiciación. La *Nueva Versión Internacional* de la Biblia usa la frase «sacrificio de expiación». La palabra griega es *hilasterion,* que significa cobertura. En particular, el término se refiere a la cobertura de la expiación provista por la sangre del sacrificio rociada en el Lugar Santísimo sobre el arca del pacto. (¿Recuerdas la película *En busca del arca perdida*? Esa es el arca de la que estamos hablando).

El arca se colocó en el Lugar Santísimo, y sobre ella se colocó el propiciatorio. Aquí es donde una vez al año, en el día de la expiación, el sumo sacerdote rociaría la sangre (ver Levítico 16). Dios, a causa de su justicia, exigía un castigo por el pecado. Pero debido a que Dios era tan misericordioso como justo, aceptaba la sangre de un sustituto y no castigaba a la gente por sus pecados. Eso es propiciación. Dios acepta el sacrificio de Jesucristo como un castigo sustituto por nuestros pecados. Su justicia y su ira por el pecado son satisfechas, y su misericordia se expresa hacia aquellos que vienen a Él a través de la obra de Cristo.

Cuando Goliat te acusa y trata de vencerte con culpa y vergüenza, puedes decirle: «Soy perdonado en Jesucristo. He sido puesto en libertad. No soy condenado. Dios me ama y me acepta plenamente». La verdad más grande sobre ti es la que Dios dice. Dios afirma que Jesucristo ha hecho propiciación por tus pecados. La justicia y la misericordia de Dios son restablecidas. Dios no está enojado contigo, por lo que nunca sufrirás la ira de Dios por tus pecados. La propiciación te asegura que un Dios santo te acepta y te ama en Jesucristo.

La obra de Jesucristo nos da justificación, redención y propiciación. La obra de Cristo también nos brinda la reconciliación. Veamos otro pasaje de la Carta de Pablo a los Romanos:

> Pero Dios demuestra su amor por nosotros en esto: en que cuando todavía éramos pecadores, Cristo murió por nosotros. Y ahora que hemos sido justificados por su sangre, ¡con cuánta más razón, por medio de él, seremos salvados del castigo de Dios! Porque si, cuando éramos enemigos de Dios, fuimos *reconciliados* con él mediante la muerte de su Hijo, ¡con cuánta más razón, habiendo sido *reconciliados*, seremos salvados por su vida! Y no solo esto, sino que también nos regocijamos en Dios por nuestro Señor Jesucristo, pues gracias a él ya hemos recibido la *reconciliación* (Romanos 5:8-11, énfasis añadido).

Hemos sido reconciliados con Dios a través de Jesucristo. El telón de fondo con respecto a la idea de la reconciliación es una relación rota. La reconciliación es la eliminación de la barrera que aliena a dos partes, para que los enemigos puedan convertirse en amigos. Por causa de la barrera del pecado, los hombres son enemigos de Dios. Imagínate a Dios estando a un lado del Gran Cañón y a la humanidad al otro lado; el abismo es tan grande que ninguna acción humana puede salvar la distancia. La buena noticia del evangelio es que Jesucristo es el puente que nos conecta con Dios. Cristo ha eliminado la barrera del pecado para que nosotros, que por naturaleza y por decisión hemos sido enemigos de Dios, podamos convertirnos en amigos de Él.

Cualquiera que sea tu goliat, su intención es alejarte de Dios. La verdad de la reconciliación es que ya no eres enemigo de Dios. Aun cuando eras un pecador, Cristo murió por ti y demostró su amor por ti. Eres amigo de Dios y tienes una relación eterna con Él. La mentira del enemigo es que Dios te ha dado la espalda o que tú lo has despreciado de una manera que te has alejado de Él una vez más. La verdad es que, por la obra de Cristo, has sido reconciliado permanentemente con Dios. ¡La verdad más grande sobre ti es la que Dios dice!

Las verdades de nuestra salvación son producidas por la obra de Cristo y por el don del Espíritu Santo. El Espíritu Santo es la tercera persona de la Trinidad. Él es igual con el Padre y el Hijo. Cuando recibimos la salvación, Dios envía al Espíritu Santo a nuestras vidas y nos da una nueva naturaleza. *En la salvación, a través de la obra del Espíritu Santo, cada creyente nace de nuevo, es habitado, sellado, bautizado y adoptado en la familia de Dios por el Espíritu Santo.* Considera los siguientes pasajes de las Escrituras que describen el don del Espíritu Santo:

> Pero, cuando se manifestaron la bondad y el amor de Dios nuestro Salvador, él nos salvó, no por nuestras propias obras de justicia, sino por su misericordia. Nos salvó mediante el lavamiento de la regeneración y de la renovación por el Espíritu Santo, el cual fue derramado abundantemente sobre nosotros por medio de Jesucristo nuestro Salvador (Tito 3:4-6).

De veras te aseguro que quien no nazca de nuevo no puede ver el reino de Dios —dijo Jesús.

—¿Cómo puede uno nacer de nuevo siendo ya viejo? —preguntó Nicodemo—. ¿Acaso puede entrar por segunda vez en el vientre de su madre y volver a nacer?

—Yo te aseguro que quien no nazca de agua y del Espíritu no puede entrar en el reino de Dios —respondió

Jesús—. Lo que nace del cuerpo es cuerpo; lo que nace del Espíritu es espíritu. No te sorprendas de que te haya dicho: «Tienen que nacer de nuevo». El viento sopla por donde quiere, y lo oyes silbar, aunque ignoras de dónde viene y a dónde va. Lo mismo pasa con todo el que nace del Espíritu (Juan 3:3-8).

Sin embargo, ustedes no viven según la naturaleza pecaminosa, sino según el Espíritu, si es que el Espíritu de Dios vive en ustedes. Y, si alguno no tiene el Espíritu de Cristo, no es de Cristo. Pero, si Cristo está en ustedes, el cuerpo está muerto a causa del pecado, pero el Espíritu que está en ustedes es vida a causa de la justicia. Y, si el Espíritu de aquel que levantó a Jesús de entre los muertos vive en ustedes, el mismo que levantó a Cristo de entre los muertos también dará vida a sus cuerpos mortales por medio de su Espíritu, que vive en ustedes (Romanos 8:9-11).

En él también ustedes, cuando oyeron el mensaje de la verdad, el evangelio que les trajo la salvación, y lo creyeron, fueron marcados con el sello que es el Espíritu Santo prometido. Este garantiza nuestra herencia hasta que llegue la redención final del pueblo adquirido por Dios, para alabanza de su gloria (Efesios 1:13-14).

Todos fuimos bautizados por un solo Espíritu para constituir un solo cuerpo —ya seamos judíos o gentiles, esclavos o libres—, y a todos se nos dio a beber de un mismo Espíritu (1 Corintios 12:13).

Ustedes ya son hijos. Dios ha enviado a nuestros corazones el Espíritu de su Hijo, que clama: «¡*Abba*! ¡Padre!». Así que ya no eres esclavo, sino hijo; y, como eres hijo, Dios te ha hecho también heredero (Gálatas 4:6-7).

Cuando Dios nos salvó, nos dio el don del Espíritu Santo. El Espíritu Santo constituye la presencia permanente de Dios en nuestras vidas. Él está con nosotros y en nosotros. El Señor siempre está con nosotros para pelear la batalla y vencer a Goliat. La obra de la salvación del Espíritu Santo se describe de varias maneras en el Nuevo Testamento: el Espíritu nos bautiza en el cuerpo de Cristo, mora en nosotros, sella nuestra salvación, nos adopta en la familia de Dios y nos hace nacer de nuevo. Cada uno de esos ministerios complementa el hecho de que el Espíritu Santo nos ha dado una nueva relación con Dios y que Él vive para siempre dentro de nosotros.

No tenemos que enfrentarnos a Goliat solos, porque el Espíritu Santo siempre está presente con nosotros. En su evangelio, el apóstol Lucas describe cómo preparó Jesús a sus discípulos para el conflicto espiritual. Al igual que nosotros, esos hombres se enfrentaron a sus propios goliats. La promesa que Jesús les hizo en aquel tiempo puede ser reclamada por todos los hombres de Dios en la actualidad: «Cuando los hagan comparecer ante las sinagogas, los gobernantes y las autoridades, no se preocupen de cómo van a defenderse o de qué van a decir, porque en ese momento el Espíritu Santo les enseñará lo que deben responder» (Lucas 12:11-12). Una de las consecuencias de aceptar la salvación, por medio de Jesucristo, es que el Espíritu Santo se constituye en nuestro ayudante; de forma que está con nosotros y en nosotros para empoderarnos. Nos da valor, sabiduría y victoria cuando nos enfrentamos a Goliat. Una vez más, la verdad más grande sobre nosotros es la que Dios dice.

La verdad de la salvación se entiende en términos de la obra de Cristo, el don del Espíritu Santo y, por último, en términos de nuestra nueva identidad en Cristo. Todo hombre viene a este mundo con una identidad espiritual. Estamos muertos en delitos y pecados, espiritualmente identificados con nuestro primer antepasado: Adán. Cuando recibimos la salvación de Dios en

Jesucristo, adquirimos una nueva identidad espiritual. Ahora estamos identificados con Cristo. Pablo nos explica este concepto de identidad:

> Sin embargo, desde Adán hasta Moisés la muerte reinó, incluso sobre los que no pecaron quebrantando un mandato, como lo hizo Adán, quien es figura de aquel que había de venir.
>
> Pero la transgresión de Adán no puede compararse con la gracia de Dios. Pues, si por la transgresión de un solo hombre murieron todos, ¡cuánto más el don que vino por la gracia de un solo hombre, Jesucristo, abundó para todos! Tampoco se puede comparar la dádiva de Dios con las consecuencias del pecado de Adán. El juicio que lleva a la condenación fue resultado de un solo pecado, pero la dádiva que lleva a la justificación tiene que ver con una multitud de transgresiones. Pues, si por la transgresión de un solo hombre reinó la muerte, con mayor razón los que reciben en abundancia la gracia y el don de la justicia reinarán en vida por medio de un solo hombre, Jesucristo.
>
> Por tanto, así como una sola transgresión causó la condenación de todos, también un solo acto de justicia produjo la justificación que da vida a todos. Porque así como por la desobediencia de uno solo muchos fueron constituidos pecadores, también por la obediencia de uno solo muchos serán constituidos justos.
>
> En lo que atañe a la ley, esta intervino para que aumentara la transgresión. Pero, allí donde abundó el pecado, sobreabundó la gracia, a fin de que, así como reinó el pecado en la muerte, reine también la gracia que nos trae justificación y vida eterna por medio de Jesucristo nuestro Señor (Romanos 5:14-21).

Todo hombre comienza con una identidad espiritual en Adán. Cuando un hombre se arrepiente y recibe a Jesucristo en su vida, adquiere una nueva identidad en Cristo. En Adán, hay pecado y muerte. En Cristo hay justicia, gracia y vida eterna. Si crees en Jesús, eres justo, estás cubierto por la gracia de Dios y tienes vida eterna. La verdad más grande sobre ti es la que Dios dice.

Hace poco regresé de un viaje misionero de hombres que realizamos a Haití. Una de las cosas que debíamos hacer en ese país fue una conferencia de pastores en la que enseñé sobre el libro de Romanos a los pastores haitianos. El día posterior a la enseñanza sobre Romanos 5, estaba tomando una Coca-Cola con mi traductor, un joven llamado Jimmy. Jimmy estaba contándome el testimonio acerca de cómo conoció a Cristo. Cuando me explicaba acerca de la manera en que Cristo había cambiado su vida, se emocionó y dijo repetidas veces: «¡Ya no estoy en Adán, estoy en Cristo! ¡Ya no estoy en Adán, estoy en Cristo!». Aun cuando era un joven cristiano, había entendido la verdad bíblica de su nueva identidad.

La verdad de nuestra nueva identidad nos da una base para enfrentar a Goliat con confianza. Somos hombres nuevos en Cristo, y como tales, podemos reclamar nuestra posición en el evangelio y ganar la batalla. Nuestra nueva identidad en Cristo significa que hemos muerto con Cristo y también hemos resucitado con Él:

> En efecto, si hemos estado unidos con él en su muerte, sin duda también estaremos unidos con él en su resurrección. Sabemos que nuestra vieja naturaleza fue crucificada con él para que nuestro cuerpo pecaminoso perdiera su poder, de modo que ya no siguiéramos siendo esclavos del pecado; porque el que muere queda liberado del pecado. Ahora bien, si hemos muerto con Cristo, confiamos que también viviremos con él (Romanos 6:5-8).

Morimos a nuestra antigua forma de vida. Morimos al control del pecado. Morimos a una vida separada de Dios. Hemos sido liberados del control del pecado y ahora tenemos la vida resucitada de Cristo. La verdad más grande sobre nosotros es la que Dios dice. Todo hombre puede reclamar la identidad que Dios le dio, enfrentar a Goliat y ganar la batalla. Con la valentía y la autoridad de la resurrección, podemos resistir la tentación y reclamar nuestros derechos como hijos de Dios.

Nuestra nueva identidad en Cristo incluye la identificación con la muerte de Cristo, la identificación con la resurrección de Cristo y la identificación con la ascensión y el asiento de Cristo. Pablo habla de esa identificación final en su Carta a los Efesios:

Y cuán incomparable es la grandeza de su poder a favor de los que creemos. Ese poder es la fuerza grandiosa y eficaz que Dios ejerció en Cristo cuando lo resucitó de entre los muertos y lo sentó a su derecha en las regiones celestiales, muy por encima de todo gobierno y autoridad, poder y dominio, y de cualquier otro nombre que se invoque, no solo en este mundo, sino también en el venidero. Dios sometió todas las cosas al dominio de Cristo, y lo dio como cabeza de todo a la iglesia. Esta, que es su cuerpo, es la plenitud de aquel que lo llena todo por completo.

En otro tiempo ustedes estaban muertos en sus transgresiones y pecados, en los cuales andaban conforme a los poderes de este mundo. Se conducían según el que gobierna las tinieblas, según el espíritu que ahora ejerce su poder en los que viven en la desobediencia. En ese tiempo también todos nosotros vivíamos como ellos, impulsados por nuestros deseos pecaminosos, siguiendo nuestra propia voluntad y nuestros propósitos. Como los demás, éramos por naturaleza objeto de la ira de Dios. Pero Dios, que es rico en misericordia, por su gran amor por nosotros, nos dio vida con Cristo, aun cuando estábamos muertos en pecados. ¡Por gracia ustedes han sido salvados! Y en unión con Cristo Jesús, Dios nos resucitó y nos hizo sentar con él en las regiones celestiales (Efesios 1:19—2:1-6).

Dios levantó a Jesús de entre los muertos y lo sentó a su diestra. El asiento de Jesucristo es un lugar de absoluta autoridad sobre toda la creación. Él es la cabeza de la Iglesia y el gobernante supremo de los ángeles, de los demonios, de los hombres y de las criaturas. A pesar de que estábamos muertos en nuestros pecados, Dios nos resucitó con Cristo. Hemos sido resucitados con Cristo y sentados con Él en los lugares celestiales. Nuestra posición espiritual es de una identificación completa con Cristo. Hemos muerto con Cristo, hemos resucitado con Cristo y ahora estamos sentados con Cristo.

Medita por un momento en lo siguiente: ¿Dónde está sentado Jesús? ¿Qué autoridad tiene Jesús sentado y exaltado en los lugares celestes? ¿Cuál es nuestra identidad en Cristo? Como hemos estado sentados con Cristo, tenemos la autoridad espiritual de Él: autoridad para vencer a Goliat, autoridad para reprender al diablo, autoridad para resistir al pecado y autoridad para ganar la batalla espiritual. Tenemos la autoridad de Jesucristo porque estamos sentados con Él. ¡La verdad más grande sobre nosotros es la que Dios dice!

Las buenas noticias del evangelio nos brindan la verdad que nos libera y nos da poder para enfrentar a Goliat. Por causa del evangelio, la victoria en Cristo es el derecho de nacimiento de todo hombre piadoso. Jesús dijo: «Conocerás la verdad, y la verdad te hará libre» (Juan 8:32).

Discusión

Echa un vistazo

Lee 1 Samuel 17:45-47.

- Cuando David se enfrentó a Goliat, ¿qué inspiró su confianza para triunfar?
- A la luz del tamaño y la intimidación de Goliat, ¿qué entendió David que le dio esta confianza?

Considera

- ¿Por qué crees que es vital para un hombre conocer verdaderamente a Dios y sus promesas de victoria si alguna vez va a derrotar a sus goliats?
- La esperanza de victoria para cada hombre es el evangelio de Jesucristo. Busca los siguientes versículos y analiza las verdades del evangelio que pueden dar esperanza a los hombres al enfrentar a sus goliats: Tito 3:4-7; Efesios 2:1-10; Colosenses 2:8-15; 1 Corintios 15:1-4, 50-58; Romanos 8:28-39.
- El poder de Goliat es intimidarnos y hacernos creer la mentira. Jesús dijo que la verdad nos hace libres. ¿Qué verdades del evangelio deben creer los hombres para caminar en libertad?

Hazlo

- En este capítulo, defino el evangelio en términos de (1) la obra de Cristo, (2) el don del Espíritu Santo y (3) nuestra identificación con Cristo. ¿Cuál de estas verdades necesitas entender y apropiarte para derrotar a tus goliats?
- ¿En qué verdades evangélicas vas a meditar, creer y obedecer en tu lucha contra tus goliats?

9

ENFRENTA A GOLIAT EN EL PODER DEL ESPÍRITU SANTO

Goliat es un bravucón. Se burla, engaña, ataca y su misión es destruirnos. Cualquiera sea el goliat que estemos enfrentando, su propósito es traer destrucción a nuestra vida. Dios llama a sus hombres a ser fuertes en el Señor, a reconocer que la batalla pertenece al Señor y a probar sus recursos para obtener la victoria. La Escritura es enfática en cuanto a esta verdad: luchamos y derrotamos a Goliat cuando lo enfrentamos en el poder del Espíritu Santo.

Samuel, en su primer libro —17:37-40— nos enseña una verdad muy reveladora sobre la confianza de David en su habilidad para derrotar a Goliat:

> El Señor, que me libró de las garras del león y del oso, también me librará del poder de ese filisteo. —Anda, pues —dijo Saúl—, y que el Señor te acompañe.

Luego Saúl vistió a David con su uniforme de campaña. Le entregó también un casco de bronce y le puso una coraza. David se ciñó la espada sobre la armadura e intentó caminar, pero no pudo porque no estaba acostumbrado.

—No puedo andar con todo esto —le dijo a Saúl—; no estoy entrenado para ello.

De modo que se quitó todo aquello, tomó su bastón, fue al río a escoger cinco piedras lisas, y las metió en su bolsa de pastor. Luego, honda en mano, se acercó al filisteo.

A David le horrorizó ver la manera en que Goliat se burlaba de los ejércitos del Dios viviente. Así que se ofreció para ir al valle de Ela para luchar contra el gigante. A pesar de que era joven, David fue el único hombre que estuvo a la altura del desafío. Al mirar a David y luego a Goliat, Saúl debió haber visto al joven como un luchador de secundaria entrando al cuadrilátero para pelear contra el campeón peso pesado de la Ultimate Fighting Championship (UFC). Desesperado por el éxito de David, Saúl ideó un plan. Razonó que, en el caso de que David usara una armadura y una espada, era probable que tuviera la oportunidad de triunfar. Es posible que Saúl recordara las batallas pasadas en las que esas armas le habían ayudado a ganar la victoria. Tal vez pensó que Dios estaría dispuesto a usar esas «ofrendas» como sacrificio para el éxito. La armadura de Saúl representaba lo mejor que él tenía para ofrecer: lo mejor del entrenamiento humano, la habilidad y el poder. Prestarle esta armadura a David era equivalente a decir: «Cuando confío en mí mismo, puedo hacer mejor lo que sea».

Pero la armadura de Saúl no se ajustaba al hombre de Dios, por lo que David la rechazó. Se quitó la armadura de Saúl y agarró su honda y la vara de pastor. Esas fueron las armas que David usó para luchar contra el león y el oso, mismas con las que Dios se complació usar para manifestar su victoria. La confianza de David estaba en Dios, no en sí mismo:

> David le contestó:
> —Tú vienes contra mí con espada, lanza y jabalina, pero yo vengo a ti en el nombre del Señor Todopoderoso, el Dios de los ejércitos de Israel, a quien has desafiado. Hoy mismo el Señor te entregará en mis manos; y yo te mataré y te cortaré la cabeza. Hoy mismo echaré los cadáveres del ejército filisteo a las aves del cielo y a las fieras del campo, y todo el mundo sabrá que hay un Dios en Israel. Todos los que están aquí reconocerán que el Señor salva sin necesidad de espada ni de lanza. La batalla es del Señor, y él los entregará a ustedes en nuestras manos (1 Samuel 17:45-47).

David rechazó las armas carnales y puso su esperanza en el poder del Espíritu Santo. Esta es la clave para cada hombre que enfrentará y derrotará a su goliat. El profeta Jeremías declara:

> Así dice el Señor: «¡Maldito el hombre que confía en el hombre! ¡Maldito el que se apoya en su propia fuerza y aparta su corazón del Señor! Será como una zarza en el desierto: no se dará cuenta cuando llegue el bien. Morará en la sequedad del desierto, en tierras de sal, donde nadie habita. Bendito el hombre que confía en el Señor y pone su confianza en él. Será como un árbol plantado junto al agua, que extiende sus raíces hacia la corriente; no teme que llegue el calor, y sus hojas están siempre verdes. En época de sequía no se angustia, y nunca deja de dar fruto» (Jeremías 17:5-8).

Confiamos en nosotros mismos o confiamos en Dios. Vivimos en la carne o vivimos en el Espíritu. El apóstol Pablo exhorta lo que sigue:

Por eso les digo: dejen que el Espíritu Santo los guíe en la vida. Entonces no se dejarán llevar por los impulsos de la naturaleza pecaminosa. La naturaleza pecaminosa desea hacer el mal, que es precisamente lo contrario de lo que quiere el Espíritu. Y el Espíritu nos da deseos que se oponen a lo que desea la naturaleza pecaminosa. Estas dos fuerzas luchan constantemente entre sí, entonces ustedes no son libres para llevar a cabo sus buenas intenciones, pero cuando el Espíritu los guía, ya no están obligados a cumplir la ley de Moisés (Gálatas 5:16-18, NTV).

Podemos vencer a Goliat cuando dejamos de confiar en nuestra carne y cedemos al control del Espíritu.

Hace varios años, estaba terminando un estudio bíblico para hombres que dirigía en un restaurante. Como siempre los muchachos se pusieron de pie para irse, cuando un joven se me acercó y me preguntó si éramos cristianos. Le dije que sí, y que nos reuníamos todas las semanas para desayunar y estudiar la Biblia. Me pidió ayuda y comenzó a contarme su historia. Relató algunos momentos difíciles en su matrimonio y me contó que sentía que su vida se estaba desmoronando. Mientras hablaba, noté que todo su cuerpo parecía estar tenso y bajo un tremendo estrés.

Le pedí que extendiera la mano y, cuando lo hizo, puse una moneda en ella. Le dije: «Ahora cierra el puño y trata de abrir la mano». Cerró el puño como si apretara un tornillo. Uno por uno, retiré sus dedos. Cada vez que sacaba un dedo, podía ver una mueca de dolor en su rostro. Finalmente, abrí todos sus dedos y le quité la moneda de la mano. Le pregunté:

—¿Cómo sentiste eso?

—¡Me dolió! —respondió rápidamente

Luego volví a ponerle la moneda en la mano y le dije:

—Ahora mantén la mano abierta. —Lo hizo y le quité la moneda de la palma de la mano. Lo miré a los ojos y le pregunté—: ¿Cómo lo sentiste ahora? ¿Te dolió?

—Por supuesto que no —dijo.

Luego le expliqué que Dios estaba tratando de captar su atención. Quería atraerlo a una relación personal con Jesucristo, pero debía entregarle toda su vida a Él. Dado que el joven quería aferrarse a su estilo de vida de siempre, estaba experimentando dolor; algo así como el dolor que sintió cuando le solté los dedos para agarrar la moneda. Entonces le dije:

—Puedes aferrarte a tu vida, confiar en ti mismo y tratar de resolver tus propios problemas —entonces le apreté el puño— o puedes rendir tu vida a Cristo y entregarle todo: lo bueno, lo malo y lo feo —y extendí mi palma abierta.

La clave para vivir en el poder del Espíritu Santo es reconocer que no podemos hacerlo solos y rendirnos completamente a Jesucristo. El apóstol Pablo lo expuso de la siguiente manera:

> Pero me doy cuenta de que en los miembros de mi cuerpo hay otra ley, que es la ley del pecado. Esta ley lucha contra la ley de mi mente, y me tiene cautivo. ¡Soy un pobre miserable! ¿Quién me librará de este cuerpo mortal? ¡Gracias a Dios por medio de Jesucristo nuestro Señor!
>
> En conclusión, con la mente yo mismo me someto a la ley de Dios, pero mi naturaleza pecaminosa está sujeta a la ley del pecado.
>
> Por lo tanto, ya no hay ninguna condenación para los que están unidos a Cristo Jesús, pues por medio de él la ley del Espíritu de vida me ha liberado de la ley del pecado y de la muerte. En efecto, la ley no pudo liberarnos porque la naturaleza pecaminosa anuló su poder; por eso Dios envió a su propio Hijo en condición semejante a nuestra condición de pecadores, para que se ofreciera en sacrificio por el pecado. Así condenó Dios al pecado en la naturaleza humana, a fin de que las justas demandas de la ley se cumplieran en nosotros, que no vivimos según la naturaleza pecaminosa, sino según el Espíritu (Romanos 7:23—8:4).

Todos los hombres luchamos contra Goliat, porque tenemos un enemigo externo, el diablo; pero, además, tenemos un enemigo interno: la carne. La carne se rebela contra Dios y se afirma en su trono. La carne puede ser religiosa o pagana, pero de cualquier forma no se somete a Dios ni honra a Jesucristo. Para derrotar a Goliat en el poder del Espíritu Santo, debemos destronar a la carne. Debemos decidir rendirnos al Espíritu Santo y pedirle a Jesús que nos dé poder para que viva a través de nosotros.

En la película *El tesoro del Amazonas*, protagonizada por Dwayne Johnson «The Rock», un cazarrecompensas llamado Beck (interpretado por The Rock) continuamente enfrenta situaciones en las que las personas tienen que tomar decisiones. En un momento se enfrenta al mariscal de campo de un equipo campeón del Supertazón que había incumplido una apuesta; Beck le pide al hombre que ponga como garantía su anillo de campeón. Beck le dice: Tienes dos opciones: «Primera, me das el anillo o, segunda, hago que me lo des». La primera opción es la manera fácil; la segunda es la difícil. Pablo, como Beck, dice que tenemos dos opciones. La primera, rendirnos al Espíritu Santo; o la segunda: vivir en la carne. Derrotamos a Goliat cuando vivimos en el poder del Espíritu Santo. Es una elección, decidirnos a entregar nuestras vidas al control del Espíritu Santo y pedirle que nos llene y nos dé poder.

Cuando nos entregamos al Espíritu Santo y somos llenos de su poder, disfrutamos la vida espiritual. Ser «espiritual» es uno de los tres tipos de existencia que describe la Biblia. En su Primera Carta a los Corintios, Pablo nos da una idea en cuanto al modo en que los hombres pueden recibir o rechazar la obra del Espíritu Santo:

Ahora bien, Dios nos ha revelado esto por medio de su Espíritu, pues el Espíritu lo examina todo, hasta las profundidades de Dios. En efecto, ¿quién conoce los

Enfrenta a Goliat en el poder del Espíritu Santo

pensamientos del ser humano sino su propio espíritu que está en él? Así mismo, nadie conoce los pensamientos de Dios sino el Espíritu de Dios. Nosotros no hemos recibido el espíritu del mundo, sino el Espíritu que procede de Dios, para que entendamos lo que por su gracia él nos ha concedido. Esto es precisamente de lo que hablamos, no con las palabras que enseña la sabiduría humana, sino con las que enseña el Espíritu, de modo que expresamos verdades espirituales en términos espirituales. *El que no tiene el Espíritu* no acepta lo que procede del Espíritu de Dios, pues para él es locura. No puede entenderlo, porque hay que discernirlo espiritualmente. En cambio, *el que es espiritual* lo juzga todo, aunque él mismo no está sujeto al juicio de nadie, porque «¿quién ha conocido la mente del Señor para que pueda instruirlo?. Nosotros, por nuestra parte, tenemos la mente de Cristo

Yo, hermanos, no pude dirigirme a ustedes como a *espirituales*, sino como a *inmaduros*, apenas niños en Cristo. Les di leche porque no podían asimilar alimento sólido, ni pueden todavía, pues aún son *inmaduros*. Mientras haya entre ustedes celos y contiendas, ¿no serán *inmaduros*? ¿Acaso no se están comportando según criterios meramente humanos? (1 Corintios 2:10—3:3, énfasis añadido).

El apóstol Pablo está describiendo la obra del Espíritu Santo y las diferentes formas en que las personas responden a ella. Él explica que el Espíritu Santo nos revela a Dios. Su trabajo es guiarnos al conocimiento de Dios y manifestar la presencia de Él en nuestras vidas. En efecto, cada aspecto del crecimiento, discipulado y servicio cristiano es fruto del ministerio del Espíritu Santo en nuestras vidas. Él es el único que puede empoderarnos para enfrentar y vencer a Goliat. Considera estos breves datos de la obra del Espíritu:

1. El Espíritu nos regenera y nos hace nacer de nuevo (Juan 3:1-8).
2. El Espíritu nos lleva a un conocimiento más profundo de Cristo (Efesios 1:16-18).
3. El Espíritu nos guía a la verdad (Juan 16:13-15).
4. El Espíritu nos habilita como testigos de Cristo (Hechos 1:8).
5. El Espíritu produce su fruto en nuestras vidas (Gálatas 5:22-23).
6. El Espíritu nos da la victoria sobre la carne (Romanos 8:1-17).
7. El Espíritu nos ayuda a orar (Romanos 8:26-27).
8. El Espíritu nos da dones espirituales (1 Corintios 12).
9. El Espíritu nos libera del egoísmo (Gálatas 5:13-16).
10. El Espíritu nos transforma para llegar a ser más como Cristo (2 Corintios 3:17-18).
11. El Espíritu nos da pasión por adorar (Efesios 5:18-20).
12. El Espíritu nos da audacia para hablar la Palabra de Dios (Hechos 4:31).

El pasaje que estamos considerando, 1 Corintios 2:10—3:3, describe tres tipos de respuestas a la obra del Espíritu. (1) El que no tiene el Espíritu, (2) el hombre espiritual y (3) el hombre inmaduro (o mundano o carnal). El hombre sin el Espíritu es el no creyente. Es el que rechaza el evangelio y considera que las cosas de Dios son tonterías. El hombre espiritual es el que tiene el Espíritu Santo en su vida y camina en el poder del Espíritu. Es el creyente que se ha entregado completamente a Cristo y está llevando una vida llena del Espíritu. El tercer tipo de respuesta al Espíritu es el hombre inmaduro (o mundano o carnal, en otras versiones bíblicas). Este hombre es un creyente que ha recibido el Espíritu, pero en lugar de llevar una vida llena del Espíritu, opta por una vida carnal, egocéntrica y mundana. El hombre mundano puede haber sido cristiano por algún tiempo, pero no ha logrado madurar en Cristo; continúa viviendo como un bebé espiritual.

Cuando mi hijo tenía unos diez meses, mi esposa y yo lo llevamos con nosotros a un buen restaurante. Mientras disfrutamos de nuestra comida, comió vorazmente varios frascos de alimentos para bebés. Le gustaban especialmente las judías verdes. En cierto momento, creí ver que había derramado judías verdes en su babero. Cuando comencé a examinar el desastre, vi más judías verdes en el asiento de su silla y en todas sus piernas. Pensé: *¡Hay más judías verdes en él que en los frascos que le di para comer!* Debido a la tenue iluminación, no podía ver muy bien, así que me incliné para mirar más de cerca, y cuando lo hice, me asaltó un olor demasiado familiar. No eran judías verdes. Mi hijo había tenido una explosión que rivalizaba con la del volcán Santa Helena, en el estado de Washington. El derrame de excremento le corría por todas sus piernas e incluso cayó al piso del restaurante. Con el cuidado de alguien que trata con desechos tóxicos, levanté a mi hijo, lo cargué con el brazo extendido y rápidamente me dirigí al baño. Con cada paso que daba oía un *plop, plop, plop*; era el excremento que se desprendía de su pañal y se estrellaba en el suelo.

Cuando al fin llegué al baño, lo lavé, le cambié el pañal y le puse ropa limpia, ¡ese fue el final de la historia! Todos los padres han tenido una experiencia similar. Los bebés defecan en sus pañales y necesitan ser limpiados y cambiados. Sin embargo, si relatara la misma historia, pero explicara que mi hijo tiene dieciocho años y todavía está usando pañales, sabrías que algo andaba mal. Está bien actuar como un bebé cuando eres un chiquillo; pero no lo está cuando debiste haber crecido y madurado.

En 1 Corintios 3:1-3, Pablo reprende al hombre mundano o carnal por ser inmaduro. Aunque debería ser espiritual, llevando una vida controlada por el Espíritu, está actuando como un bebé espiritual y siendo mundano. El escritor a los Hebreos ofrece una reprimenda similar:

En realidad, a estas alturas ya deberían ser maestros, y sin embargo necesitan que alguien vuelva a enseñarles las verdades más elementales de la palabra de Dios. Dicho de otro modo, necesitan leche en vez de alimento sólido. El que solo se alimenta de leche es inexperto en el mensaje de justicia; es como un niño de pecho. En cambio, el alimento sólido es para los adultos, para los que tienen la capacidad de distinguir entre lo bueno y lo malo, pues han ejercitado su facultad de percepción espiritual (Hebreos 5:12-14).

El hombre inmaduro o mundano debería alimentarse de la Palabra de Dios y experimentar la obra del Espíritu, sin embargo está llevando una vida carnal, actuando como un bebé espiritual y luciendo como el mundo.

Pablo dice que hay tres formas de responder al Espíritu: (1) rechazarlo y declararse incrédulo; (2) recibirlo y obedecer su dirección como hombre espiritual; o (3) recibirlo, pero continuar viviendo a su antojo. *Todo cristiano tiene el Espíritu, pero no todos los cristianos están llenos del Espíritu. El Espíritu Santo viene a nuestras vidas en la salvación, pero para ser llenos del Espíritu, debemos rendirnos a Él y obedecerle.*

Supongamos que tengo dos vasos de leche y, en cada uno de ellos, vierto una cantidad igual de chocolate líquido. El chocolate llega al fondo de cada vaso. Agarro una cuchara y revuelvo la leche con el chocolate en un vaso. Por supuesto, la leche pronto se oscurece. Pruebo un sorbo y ¿adivina qué? ¡Hice leche con chocolate! Se ve y sabe diferente a la leche normal. La leche ha sido influenciada y transformada por el chocolate. El otro vaso de leche tiene la misma cantidad de chocolate, pero no afecta al color de la leche. El líquido que hay en el vaso se parece a la leche y sabe a leche. El chocolate debe mezclarse para transformar la leche.

Todo creyente en Jesucristo tiene el Espíritu Santo; algunos, sin embargo, son espirituales y otros son mundanos. Solo podemos derrotar a Goliat cuando tenemos vidas llenas del Espíritu. Ser llenos del Espíritu significa que somos gobernados, fortalecidos, dirigidos y guiados por el Espíritu. Él está produciendo su fruto y manifestando su victoria en nuestras vidas. *Para ser llenos del Espíritu, necesitamos (1) desear la obra del Espíritu, (2) ceder al control del Espíritu y (3) pedir la ayuda del Espíritu.*

Nunca experimentaremos más de la obra del Espíritu en nuestras vidas de lo que deseamos y buscamos. Juan afirma lo siguiente acerca de cómo debemos recibir el Espíritu:

> En el último día, el más solemne de la fiesta, Jesús se puso de pie y exclamó: ¡Si alguno tiene sed, que venga a mí y beba! De aquel que cree en mí, como dice la Escritura, brotarán ríos de agua viva. Con esto se refería al Espíritu que habrían de recibir más tarde los que creyeran en él. Hasta ese momento el Espíritu no había sido dado, porque Jesús no había sido glorificado todavía (Juan 7:37-39).

Cuando tenemos sed espiritual y acudimos a Jesús para beber de su agua, Él nos satisface con el agua viva del Espíritu Santo. Beber del Espíritu debe ser una experiencia constante en nuestras vidas. No estamos llenos del Espíritu solo una vez, sino muchas veces. De hecho, Pablo ordena: «No se emborrachen con vino, que lleva al desenfreno. Al contrario, sean llenos del Espíritu» (Efesios 5:18). Gramaticalmente, esta instrucción es un imperativo pasivo presente. Estar lleno del Espíritu debe ser una experiencia continua. Es una experiencia que debemos permitirnos recibir del Espíritu. Debemos dejar continuamente que el Espíritu Santo llene nuestras vidas. Debemos beber usualmente del Espíritu y experimentar su agua viva rebosando desde lo más íntimo de nuestro ser.

Durante la semana más caliente de mi último año en la escuela secundaria, la temperatura se elevó por encima de los tres dígitos. Mi entrenador de fútbol era de la vieja guardia y no creía en los descansos para refrescarse con agua. Practicábamos por tres horas, dos veces al día, sin beber un sorbo de agua. Durante una de las prácticas, convocó al equipo para hacer un grupo. De pie al fondo de ese grupo, vi un rociador de césped con un gran charco de agua marrón que lo rodeaba. Sintiendo los efectos de la deshidratación y el deseo de cualquier tipo de líquido, me quité el casco, me agaché y hundí la cabeza en el charco. ¡Durante unos breves segundos, bebí tanta agua como pude!

Las personas sedientas se desesperan. Cuando tenemos sed espiritual, nos desesperamos por el agua viva que el Espíritu Santo produce en nuestras vidas. Experimentamos la plenitud del Espíritu cuando nos acercamos a Jesús, buscando urgentemente su señorío, presencia, poder y ayuda. Cuando venimos a Jesús y bebemos continuamente, Él nos llena del Espíritu, el cual nos satisface y desborda nuestras vidas.

Experimentamos la plenitud del Espíritu cuando tenemos sed y cuando cedemos a su señorío en nuestras vidas. Pablo nos exhorta:

Y, si el Espíritu de aquel que levantó a Jesús de entre los muertos vive en ustedes, el mismo que levantó a Cristo de entre los muertos también dará vida a sus cuerpos mortales por medio de su Espíritu, que vive en ustedes.

Por tanto, hermanos, tenemos una obligación, pero no es la de vivir conforme a la naturaleza pecaminosa. Porque, si ustedes viven conforme a ella, morirán; pero, si por medio del Espíritu dan muerte a los malos hábitos del cuerpo, vivirán (Romanos 8:11-13).

Según este pasaje, tenemos el Espíritu de aquel que resucitó a Jesús de los muertos y que vive dentro de nosotros. La promesa de Dios es que experimentaremos su vida de resurrección a través del Espíritu que mora en nosotros. Nuestra obligación, por lo tanto, no es vivir de acuerdo con nuestra pecaminosa naturaleza egoísta. Al contrario, debemos vivir de acuerdo con el Espíritu: rendirnos a su control y hacer morir las obras de la carne. La vida espiritual auténtica es nuestra cuando nos rendimos al Espíritu Santo. Imaginémonos la escena que sigue. Estamos en el asiento del conductor, en nuestro automóvil. Controlamos los neumáticos, la dirección del vehículo, el depósito de la gasolina, la radio, etc. Al confiar en Cristo, Él viene a nuestras vidas a través de la morada espiritual del Espíritu Santo. Sin embargo, su deseo no es solo ser un pasajero más en el vehículo, sino que quiere tomar nuestro lugar al volante. Entonces nosotros debemos ocupar el asiento trasero y dejar que el Espíritu controle el auto, que es nuestra vida. Debemos entregarle cada parte de nuestro ser: mente, voluntad, hábitos, relaciones, finanzas. Cuando hacemos eso, el Espíritu nos da poder para resistir al pecado y vivir victoriosamente en Cristo.

Un tercer requisito previo para experimentar el poder del Espíritu Santo en nuestras vidas es pedir su ayuda. Suena sencillo, ¿no? Sobre todo a la luz de la siguiente promesa:

Así que yo les digo: Pidan, y se les dará; busquen, y encontrarán; llamen, y se les abrirá la puerta. Porque todo el que pide recibe; el que busca encuentra; y al que llama, se le abre. ¿Quién de ustedes que sea padre, si su hijo le pide un pescado, le dará en cambio una serpiente? ¿O, si le pide un huevo, le dará un escorpión? Pues, si ustedes, aun siendo malos, saben dar cosas buenas a sus hijos, ¡cuánto más el Padre celestial dará el Espíritu Santo a quienes se lo pidan! (Lucas 11:9-13).

En este pasaje, Jesús enseña sobre la oración y las promesas que podemos reclamar a través de ella. Si seguimos pidiendo, se nos dará; si seguimos buscando, encontraremos; y si seguimos tocando, la puerta se abrirá. De modo que, Jesús usa una forma hebrea de comparación conocida como el argumento «*cuánto más»*. Se comparan dos escenarios, asumiendo el segundo debido a la naturaleza obvia del primero. Puesto que sabemos que a los padres terrenales les encanta dar buenos obsequios a sus hijos, ¡cuánto más querrá nuestro Padre celestial darles el mejor regalo —el Espíritu Santo—, a aquellos que se lo piden! Dios desea ayudarnos y bendecirnos con el Espíritu Santo aún más de lo que deseamos nosotros pedirle. *Dios está esperando que sus hombres le pidan ayuda. Él promete que cuando pidamos la ayuda del Espíritu Santo, nos responderá.*

El Espíritu Santo es nuestro ayudante por naturaleza. En Juan 14 al 16, Jesús se refiere al Espíritu Santo al usar la palabra griega *paracleto*. Esta palabra habla de «alguien llamado para ayudar, alentar o consolar». Es por eso que diversas traducciones de la Biblia usan los términos «Ayudante», «Consolador» y «Consejero». Así que aquí tenemos una pregunta como las de la escuela dominical: «Si al Espíritu Santo se le llama Ayudante de Jesús, entonces, ¿qué es lo que hace?». Por supuesto, ¡ayudar! Veamos una de las declaraciones específicas de Jesús sobre el *Paracleto:*

> Yo le pediré al Padre, y él les dará otro Abogado Defensor, quien estará con ustedes para siempre. Me refiero al Espíritu Santo, quien guía a toda la verdad. El mundo no puede recibirlo porque no lo busca ni lo reconoce; pero ustedes sí lo conocen, porque ahora él vive con ustedes y después estará en ustedes (Juan 14:16-17, NTV).

Jesús prometió que enviaría al Consejero para que estuviera con nosotros y en nosotros. El Espíritu Santo, que es el Espíritu de la verdad, está a nuestra disposición para ayudarnos las veinticuatro horas del día.

La Palabra de Dios promete que si tienes sed de una experiencia espiritual más profunda y acudes a Jesús a beber, el Espíritu Santo desbordará tu vida con su agua viva. Si te rindes a Él, te dará poder con la vida resucitada de Cristo. Dios también afirma que dará el Espíritu a cualquiera que lo pida. ¿Qué estás esperando? Puedes vivir en la victoria de Cristo y destruir a Goliat todos los días al apartarte de la carne y caminar en el Espíritu. Recuerda esta garantía dada por el apóstol Pablo:

> Por eso les digo: dejen que el Espíritu Santo los guíe en la vida. Entonces no se dejarán llevar por los impulsos de la naturaleza pecaminosa. La naturaleza pecaminosa desea hacer el mal, que es precisamente lo contrario de lo que quiere el Espíritu. Y el Espíritu nos da deseos que se oponen a lo que desea la naturaleza pecaminosa. Estas dos fuerzas luchan constantemente entre sí, entonces ustedes no son libres para llevar a cabo sus buenas intenciones, pero cuando el Espíritu los guía, ya no están obligados a cumplir la ley de Moisés (Gálatas 5:16-18, NTV).

El Espíritu Santo que mora en ti es el mismo Espíritu que le dio poder a David para derrotar a Goliat. Es el mismo Espíritu que guio a Jesús a resistir al diablo y regresar del desierto victorioso. El Espíritu Santo fortalece nuestras vidas, produce su fruto y nos da la victoria espiritual. Ven a Él como un hombre sediento, ríndete a su control y pídele que llene tu vida y te guíe al triunfo de Cristo.

Discusión

Echa un vistazo

Lee 1 Samuel 17:38-47.

- Cuando David se ofreció para luchar contra Goliat, Saúl lo vistió con su propia armadura. David la rechazó y, en vez de eso, eligió su bastón y algunas piedras para su honda. ¿Por qué crees que somos incapaces de derrotar a Goliat con recursos humanos?
- David entendió que «la batalla le pertenece al Señor». ¿Qué crees que significa confiar en el poder del Espíritu más que en tu propia carne?

Considera

- Busca los siguientes versículos y comenta sobre el contraste entre confiar en la carne y confiar en el Espíritu: Jeremías 17:5-8; Romanos 7:15–8:11; Gálatas 5:16-26.
- Para que un hombre derrote a su goliat, debe rechazar la carne y confiar en la victoria del Señor. ¿Cómo se ve esto a nivel de los pensamientos, decisiones, hábitos y compromisos cotidianos de un hombre?
- Para depender del poder del Espíritu Santo a fin de derrotar a Goliat, el hombre debe vivir lleno del Espíritu. Busca los siguientes versículos y trata acerca de las implicaciones que trae ser un hombre lleno del Espíritu: Juan 7:37-39; Romanos 8:12-16; Lucas 11:13; Gálatas 6:7-8.

Hazlo

- ¿Qué necesitas hacer para seguir el ejemplo de David y quitarte la armadura de Saúl? ¿Cómo vas a rechazar la carne y confiar en el poder del Espíritu Santo?
- ¿Qué acción proactiva necesitas ejecutar para caminar en el Espíritu?

CAPÍTULO 10

ENFRENTA A GOLIAT EN LA AUTORIDAD DE LA PALABRA DE DIOS

«Este libro cambiará tu vida. Léelo todos los días y pídele a Dios que te ayude a entenderlo y hacer lo que dice». Con esa recomendación, mi hermano me dio mi primera Biblia cuando tenía dieciséis años de edad. Emocionado por mi recién descubierta fe, mi hermano me compró un Nuevo Testamento, versión Nueva Traducción Viviente, y me lo regaló. En el transcurso del siguiente año, leía mi Biblia casi todos los días, a veces un solo capítulo y en otras ocasiones más de uno. La mayoría de las veces, la leía por la noche; antes de irme a dormir. En ocasiones, ni siquiera recordaba lo que había leído, porque estaba cansado o preocupado. Pero al final de mi último año en la escuela secundaria, ya había terminado de leer el Nuevo Testamento, y me había convencido de mi fe; además, me había arraigado a mi nueva vida en Cristo.

Ese verano me propuse el objetivo de leer el Antiguo Testamento antes de ir a la universidad. Todos los días leía varios capítulos; era tan metódico que, para fines del verano, había logrado mi objetivo. Al comienzo de mi primer año en la universidad, decidí leer el Nuevo Testamento por la mañana y el Antiguo Testamento por la noche. Conté el número de páginas en mi Biblia y calculé que podía leer el Nuevo Testamento cada dos meses y el Antiguo Testamento cada seis meses. Entonces, con un amor por Cristo y un deseo de conocer la Palabra de Dios, comencé a leer sistemáticamente la Biblia de principio a fin.

Sin duda, ese hábito diario de leer la Palabra de Dios ha sido la influencia más profunda en mi vida cristiana. Más que cualquier otra disciplina, la ingesta diaria de las Escrituras ha alimentado mi fe y fortalecido mi compromiso con Jesucristo. Pablo nos dice: «Así que la fe es por el oír, y el oír, por la palabra de Dios» (Romanos 10:17, RVR1960). Durante los últimos cuarenta y un años, la Palabra de Dios ha sido la base de mi fe.

Todo hombre pone su fe en algo. Confiamos en la Palabra de Dios o en nuestros propios sentimientos y percepciones. David confió en la Palabra de Dios. Cuando se enfrentaron a las burlas y desafíos de Goliat, todos los soldados del ejército israelita vieron al gigante, escucharon sus palabras arrogantes y quedaron paralizados por el terror. David escuchó los mismos desafíos, vio al mismo gigante y experimentó los mismos sentimientos de justa indignación por el nombre del Señor. La diferencia era que la fe de David estaba arraigada en la verdad que Dios dijo. David creía que Dios era más grande que Goliat. Creía que las promesas de Dios eran más verdaderas que las amenazas de Goliat. La perspectiva de David fue influenciada por la Palabra de Dios, no por sus temores humanos ni su comprensión limitada.

No siempre elegimos el goliat al que nos enfrentamos, lo que sí podemos elegir es si enfrentamos a esos goliats con la fe en la Palabra de Dios o con la fe en nosotros mismos. Para ser un hombre como David, debemos estar convencidos de que la Palabra de

Dios es verdadera y que es la espada del Espíritu. Debemos saber lo que dice la Biblia y necesitamos ser entrenados en el uso de la espada del Espíritu.

En la película *Indiana Jones y la última cruzada*, Harrison Ford interpreta al personaje Indiana Jones, que busca el Santo Grial. Sean Connery, interpreta al padre de Indiana, que lo ayuda en esta aventura. Siguiendo un viejo mapa con advertencias antiguas, Indiana debe pasar varias pruebas mientras transita por una cueva intrincada para encontrar el grial. Una de las pruebas es que debe hacer «un salto ciego de fe». (¿Recuerdas la discusión sobre Kierkegaard?) Indiana está parado en una gran caverna al borde de un pozo aparentemente sin fondo. «Da un salto a ciegas», se dice a sí mismo mientras ve una foto en el mapa. La imagen es de un hombre caminando a través del abismo hasta la entrada de la cueva donde se ha escondido el grial. Desde la perspectiva de Indiana, y desde el punto de vista de la audiencia de la película, lo que se encuentra frente a él parece una garganta profunda sin conexión con el otro lado. Poniendo su fe en el mapa, más que en lo que sus ojos pueden ver, Indiana baja por el acantilado. Al principio parece que se dirige directamente a las profundidades cavernosas, pero su pie cae sobre roca sólida. El ángulo de la cámara cambia y, en lo que parece una ilusión óptica, se muestra que existe un puente oculto que conecta ambos lados. Indiana se afirma al dar su paso de fe.

La fe siempre se expresa actuando. Cuando David puso su fe en la Palabra de Dios, entró valientemente en el valle de Ela. Del mismo modo, cuando el ejército israelita confió en sus sentimientos y percepciones personales, se retiraron pasivamente a su recinto de temor. Nos enfrentamos a Goliat victoriosos cuando confiamos en la Palabra de Dios. Hebreos 4:12 dice:

> Ciertamente, la palabra de Dios es viva y poderosa, y más cortante que cualquier espada de dos filos. Penetra hasta lo más profundo del alma y del espíritu, hasta la médula

de los huesos, y juzga los pensamientos y las intenciones del corazón.

La Palabra de Dios da vida y cambia la vida. Tiene el poder de impartir fe, aumentar el valor y desarrollar el carácter. Cuando nos enfrentamos a Goliat con confianza en la Palabra de Dios, ya no confiamos en nuestros propios recursos; confiamos en los recursos sobrenaturales de Dios.

El solo hecho de confiar en la Palabra de Dios no funciona porque el poder esté en nuestra capacidad de confiar, sino porque la autoridad está en la Palabra de Dios misma. El apóstol Pedro lo explica:

Cuando les dimos a conocer la venida de nuestro Señor Jesucristo en todo su poder, no estábamos siguiendo sutiles cuentos supersticiosos, sino dando testimonio de su grandeza, que vimos con nuestros propios ojos. Él recibió honor y gloria de parte de Dios el Padre, cuando desde la majestuosa gloria se le dirigió aquella voz que dijo: «Este es mi Hijo amado; estoy muy complacido con él». Nosotros mismos oímos esa voz que vino del cielo cuando estábamos con él en el monte santo. Esto ha venido a confirmarnos la palabra de los profetas, a la cual ustedes hacen bien en prestar atención, como a una lámpara que brilla en un lugar oscuro, hasta que despunte el día y salga el lucero de la mañana en sus corazones. Ante todo, tengan muy presente que ninguna profecía de la Escritura surge de la interpretación particular de nadie. Porque la profecía no ha tenido su origen en la voluntad humana, sino que los profetas hablaron de parte de Dios, impulsados por el Espíritu Santo (2 Pedro 1:16-21).

En este pasaje, Pedro nos da tres razones para confiar en la Palabra de Dios como el fundamento más confiable para vivir y el enfoque más poderoso para derrotar a Goliat.

La primera razón es que la Palabra de Dios tiene la credibilidad histórica del testimonio de testigos oculares. Pedro dice que su creencia y presentación de Jesucristo no se basa en mitos. El término que usa para «sutiles cuentos supersticiosos» es la palabra griega *muthos*, que se utilizó para describir los mitos griegos sobre los dioses. Jesús no es un personaje mitológico. Es una persona real que vivió, murió y resucitó. Pedro fue testigo ocular de los hechos del evangelio. Vio, escuchó y experimentó las grandes verdades históricas que se convirtieron en la base del mensaje sobrenatural del evangelio. Pedro estaba con Jesús en el Monte de la Transfiguración. Escuchó a Dios hablar; personalmente fue testigo del Padre cuando dijo: «Este es mi Hijo, a quien amo; estoy muy complacido con él». El argumento de Pedro no es que debamos creer la Palabra de Dios porque se ajusta a alguna interpretación mitológica de la realidad; dice que deberíamos creerlo porque es cierto y se basa en hechos históricos y evidencias de testigos oculares.

Una segunda razón que Pedro da para confiar en la Palabra de Dios es su autoridad innata. Pedro describe su experiencia en el Monte de la Transfiguración. Jesús fue glorificado; las grandes personalidades del Antiguo Testamento, Moisés y Elías, se materializaron de alguna manera; y Dios el Padre habló con Dios el Hijo. Según la evaluación de cualquiera, esa fue una de las mejores experiencias religiosas de todos los tiempos. Sin embargo, Pedro dice algo muy profundo en respuesta: «Esto ha venido a confirmarnos la palabra de los profetas, a la cual ustedes hacen bien en prestar atención, como a una lámpara que brilla en un lugar oscuro, hasta que despunte el día y salga el lucero de la mañana en sus corazones» (v. 19). Tenemos la palabra de los profetas más segura. La pregunta es: ¿más segura que qué? Pedro dice que la palabra de los profetas, la Palabra de Dios, es más confiable que su propia poderosa experiencia religiosa. Si la Palabra de Dios tiene más autoridad que la mejor experiencia espiritual, ¡cuánto más es esto cierto tratándose de las malas experiencias! Cuando estamos desanimados, derrotados y engañados, la Palabra de Dios nos dice la verdad y corrige nuestra perspectiva. El término que usa Pedro es *bebahyos*, que significa «estable, rápido o firme». El argumento de Pedro es que la Palabra es más firme, más estable y más confiable que su asombroso encuentro espiritual con Cristo. La versión Reina Valera traduce este pasaje como: «Tenemos también la palabra profética más segura...» (v. 19). La base de nuestra fe no es solo nuestra experiencia; de hecho, la autoridad no está en nuestra experiencia, sino en la palabra profética más segura.

Debido a que la Palabra de Dios tiene autoridad, Pedro nos exhorta a prestarle atención. La Palabra de Dios se autentica a sí misma. Eso es cierto porque ella es la fuente definitiva de la verdad. No acudimos a otras fuentes para verificar la Palabra; ¡Con ella misma es que verificamos todo lo demás! Incluso nuestras experiencias religiosas deben ser evaluadas en base a la Palabra. Solo porque lo sintamos o lo pensemos, no se hace realidad. La Palabra de Dios interpreta y valida todo lo que en última instancia es verdadero y transformador en la vida cristiana.

La tercera razón que Pedro da para confiar en la Palabra es que las Escrituras no nos llegaron por medio de interpretación humana. Las Escrituras son el producto de hombres movidos por el Espíritu Santo que hablan las palabras de Dios. Esta es la doctrina de la inspiración verbal-plenaria de la Escritura. Pablo comenta en 2 Timoteo 3:6: «Toda la Escritura es inspirada por Dios y útil para enseñar, para reprender, para corregir y para instruir en la justicia».

Toda la Escritura es exhalada o inspirada por Dios. Dios literalmente exhaló su Palabra en los corazones y las mentes de los autores humanos, y ellos escribieron su Palabra mientras el Espíritu Santo los dirigía y guiaba. El resultado de todo eso no es solo para informarnos sobre la teología de las Escrituras, sino para transformarnos en hombres que enfrentan a Goliat en la autoridad de la Palabra de Dios. Enfrentarse a Goliat es inevitable, pero podemos elegir si creemos en sus mentiras o confiamos y obedecemos la Palabra de Dios. Para ser hombres como David, que se enfrentan con seguridad a Goliat conscientes de que la batalla es del Señor, necesitamos tomar «la espada del Espíritu, que es la palabra de Dios» (Efesios 6:17).

Luchamos contra Goliat con el arma de la Palabra de Dios. La película *Gladiador* es protagonizada por Russell Crowe en el papel del general Maximus, quien es traicionado al comienzo del rodaje. El soldado romano encargado de ejecutar a Maximus vacila en su habilidad para sacar su espada de su vaina. Mirándolo a los ojos, Maximus le dice: «La escarcha a veces hace que la espada se atasque». Luego mata al soldado y escapa. Maximus muestra el conocimiento de la espada y su gran habilidad para usarla. Los hombres de Dios necesitan conocer la Palabra y mostrar habilidad para usarla. Necesitamos conocer las enseñanzas de la Palabra de Dios y saber cómo autosustentarnos con ella. También necesitamos saber cómo aplicar las Escrituras a nuestras vidas con el fin de usarlas como arma contra las tentaciones, engaños y acusaciones de Goliat.

Para conocer la Palabra de Dios, tenemos que introducirla en nuestras vidas. Hay cinco maneras, en esencia, de internalizar la Escritura para que nos cambie de adentro hacia afuera. *La primera forma de internalizar la Palabra de Dios en nuestras vidas es escucharla*. Recuerda las palabras de Pablo a los creyentes de Roma: «La fe es por el oír, y el oír, por la palabra de Dios» (Romanos 10:17, RVR1960). Escuchamos la Palabra de Dios a través de sermones, estudios bíblicos, podcasts, programas radiales y al hablar entre nosotros. Tengo un programa de radio titulado «La verdad que cambia vidas». Este programa, que transmite versiones editadas de mis sermones dominicales, se escucha en todo el mundo a través de la frecuencia de onda corta. Mi oración es que todos los días alguien, en algún lugar, escuche la Palabra de Dios, crea en el evangelio y sea salvo. La Palabra de Dios tiene el poder de cambiar vidas; mientras la escuchamos nos fortalecemos y equipamos para pelear la batalla espiritual.

Hace varios años, en la época en que las cintas de cassette eran la última tecnología, toda la iglesia compró el Nuevo Testamento en cassette. Nos comprometimos como congregación a escuchar el Nuevo Testamento durante un período de tres meses. Cuando escuchamos la Palabra, oímos la verdad que ella dice a nuestras vidas. Todo hombre piadoso debe tener un consumo habitual de la Palabra de Dios, ya sea a través de la asistencia semanal a la adoración, oyendo podcasts en los iPhones, escuchándola en discos compactos (CD) mientras conduce su auto o manteniendo una dieta constante de radio cristiana. Una de las formas en que integramos la Palabra de Dios a nuestras vidas es escuchándola, definitivamente.

Una segunda manera de internalizar la Palabra de Dios en nuestras vidas es leerla. En el libro de Apocalipsis, Juan escribe: «Dichoso el que lee y dichosos los que escuchan las palabras de este mensaje profético y hacen caso de lo que aquí está escrito, porque el tiempo de su cumplimiento está cerca» (Apocalipsis 1:3). Recuerda que te relaté la historia de mi lectura del Antiguo y el Nuevo Testamento siendo un joven creyente. He mantenido esa práctica, por lo que cada día dedico tiempo a leer las Escrituras. A veces comienzo con el principio del Antiguo o del Nuevo Testamento y lo leo hasta el final. Otras veces elijo un libro o una sección. Leía habitualmente los libros de Deuteronomio, Salmos e Isaías, porque eran los que Jesús citaba más. También leo normalmente los evangelios, porque amo las palabras que Jesús pronunciaba. Además, leo la epístola a los Romanos con mucha frecuencia, puesto que explica la verdad del evangelio con más claridad que cualquier otro libro.

La clave de todo esto es la persistencia. Empieza con poco. Agarra una teología de Bill Murray (¿Qué pasa con Bob?) y haz lo que Bill sugiere: «Empieza con pasitos de bebé». Es mejor leer diez minutos todos los días de manera constante que soñar con grandes avances y olvidarte del hábito unos días después. Un consejo útil es que elijas un lugar donde vayas a leer la Biblia, determina el momento en que lo vas a hacer y escojas una sección de la Biblia con la que vayas a comenzar. Una vez que tengas esos pasos determinados de manera específica, elabora el plan de lectura.

Otro modo de integrar la Palabra de Dios a nuestras vidas es a través del estudio. El estudio de la Biblia se realiza planteándonos preguntas y escribiendo al respecto o sobre cualquier otra duda que se presente o persista. El estudio de la Biblia hace que intentemos interpretar con precisión lo que hemos leído preguntándonos: «¿Qué significó esto para el público original cuando lo oyeron salir de los labios del autor inspirado originalmente? ¿Qué quiere Dios que cada generación de cristianos entienda con este pasaje? ¿Qué me está diciendo Dios personalmente? Las respuestas a estas preguntas requieren trabajo; por eso se llama "estudio"». Pablo desafía a su discípulo, Timoteo con la siguiente amonestación:

Esfuérzate por presentarte a Dios aprobado, como obrero que no tiene de qué avergonzarse y que interpreta rectamente la palabra de verdad (2 Timoteo 2:15).

Manejar la Palabra de verdad con precisión requiere trabajo, pero el fruto que da es el conocimiento de Dios y su voluntad para nuestras vidas. Cuando estuve en la universidad, fui un estudiante terrible. No quiero decir que fuera malo; sino que era indisciplinado, no iba a clases y no estudiaba. Algunas personas se gradúan con la distinción *Cum Laude* pero yo me gradué «*¡Gracias, Laude!*». Esta historia me hace entender e identificarme con todas las excusas que presentan mis alumnos en las clases que imparto en Biola University. Pero también ha hecho que les exija a todos los estudiantes que asistan a clases cada semana, entreguen sus tareas cada vez que se les asigne y hagan sus propios cuestionarios de retroalimentación inmediata cada semana. Mi objetivo es proporcionarles ciertas responsabilidades para ayudarlos a configurar hábitos de estudio que contribuyan a su formación integral. Retenemos más en la mente cuando estudiamos que cuando nos involucramos de manera casual en un tema. Algunas personas piensan que solo por poseer una Biblia, de alguna manera, la aprenderán; aunque sea por osmosis. Otros creen contra toda probabilidad que, si duermen con la Biblia debajo de la almohada, la verdad se transferirá a sus cabezas como por acto de magia y cambiará sus vidas. ¡Nada de eso! Debemos estudiar la Palabra si deseamos tratar con ella de manera correcta.

Una cuarta forma de internalizar la Palabra de Dios en nuestras vidas es memorizarla. Lo sé, lo sé, lo he escuchado antes: «Pero, J. P., tengo un bloqueo mental; simplemente no soy nada bueno para memorizar». En realidad, todos memorizamos cosas todo el tiempo: datos inútiles de la escuela, números de teléfono, letras de canciones e información técnica. A decir verdad, memorizamos mucha información. Es posible que esto no se pueda poner en palabras pero, si estuvieras aquí conmigo en este momento, diría algunas de las tonterías que me he memorizado con el paso del tiempo, como por ejemplo aquella frase que decían los que sufrían de acné: «Eres un solo puntito de sebo, pero pronto se inundará todo mi rostro; no llores, tendrás mucha compañía». Recuerdo que eso decía un comercial de la crema para acné marca Clearasil, que se transmitía en la década de 1960. O esta que sigue: «Cuando dos líneas paralelas son interceptadas por una transversal, los ángulos alternos interiores son iguales». Eso lo aprendí en geometría, cuando cursaba secundaria en el año 1971. Insisto con la memorización, ¿y qué tal esta?: Como decía Bill Murray en la película *Los locos del golf,* de 1980: «Entonces les digo que soy *caddie* profesional, ¿y a quién crees que me dan para que trabaje con él? Al Dalai Lama, él mismo. El duodécimo hijo del Lama; ya sabes, túnicas sueltas, simpatía, una calva brillante... atractivo».

¿Cuál es el punto que quiero plantear? De alguna manera, tengo la memoria llena con mucha información, la mayoría infructífera, parte de ella a propósito y parte solo por lo repetida de su exposición. A menos que suframos alguna discapacidad de aprendizaje, todos podemos memorizar las Escrituras. La pregunta es, ¿haremos todo lo necesario para memorizar la Palabra de Dios? Al final de sus cuarenta días en el desierto, Jesús respondió a la tentación citándole las Escrituras al diablo (ver Mateo 4:1-11). Los versículos que citó fueron certeros y le sirvieron para derrotar al diablo. Sin embargo, antes que Jesús pudiera tratar con esos versículos en la batalla, tuvo que internalizarlos y memorizarlos. Debido a que la Palabra moraba en Él, pudo usarla para derrotar a Goliat. Grabamos la Palabra de Dios en nuestras vidas cuando la memorizamos. Para el hombre piadoso que busca ganar la batalla espiritual, su ingesta de la Escritura debe incluir memorizar la Palabra de Dios.

Una quinta manera de integrar la Palabra de Dios en nuestras vidas es meditar en ella. La meditación es la práctica de pensar profundamente acerca de las Escrituras. Repasamos un pasaje en nuestra mente, lo desglosamos frase por frase y se lo repetimos a Dios. La meditación es la forma más fuerte de reflexión sobre las Escrituras. Dios le dijo a Josué: «Recita siempre el libro de la ley y medita en él de día y de noche; cumple con cuidado todo lo que en él está escrito. Así prosperarás y tendrás éxito» (Josué 1:8). Dios promete éxito y prosperidad al hombre que medita en su ley y hace todo lo que está escrito en ella. Cuando meditamos en las Escrituras, alineamos nuestros pensamientos, nuestras emociones, nuestras actitudes y nuestra voluntad con la Palabra. El salmista nos anima:

Dichoso el hombre
    que no sigue el consejo de los malvados,
    ni se detiene en la senda de los pecadores
    ni cultiva la amistad de los blasfemos,

sino que en la ley del Señor se deleita,
　　y día y noche medita en ella.
Es como el árbol
　　plantado a la orilla de un río
que, cuando llega su tiempo, da fruto
　　y sus hojas jamás se marchitan.
　　¡Todo cuanto hace prospera! (Salmos 1:1-3).

La meditación en las Escrituras es parte integral del arsenal de un hombre piadoso para defenderse de Goliat. El hombre que está totalmente equipado con la Palabra es el que pasa tiempo meditando en la ley de Dios.

«Entonces, J. P., ¿me estás diciendo que, si me disciplino en cuanto a integrar la Palabra de Dios a mi vida, entonces derrotaré automáticamente a Goliat y ganaré mis batallas espirituales?».

¡No! Nada de eso. Lo que podría ocurrir es que te conviertas en el perdedor más sabio del planeta.

Conocer la Biblia no garantiza que seamos trasformados por sus verdades. Cuando vivimos la Escritura en el poder del Espíritu Santo, su verdad nos libera y transforma nuestras vidas. Míralo de esta manera: si tuvieras un terreno grande y descubrieras que hay petróleo en su interior, ¿perforarías un agujero y levantarías una plataforma para bombear el preciado líquido? ¿Estarías satisfecho con apenas aprovechar los recursos que descubras? ¿O usarías muchas torres de perforación para extraer la mayor cantidad de petróleo posible? Como ves, cuanto más buscamos, más encontramos. Cuantas más formas tengamos para internalizar la Palabra de Dios en nuestras vidas, mayor será el impacto potencial que tendremos de ella. Recibir la Palabra es el prerrequisito necesario para practicarla; además, cuando somos hacedores de la Palabra derrotamos a Goliat. Somos más que vencedores.

Santiago nos advierte al respecto:

No se contenten solo con escuchar la palabra, pues así se engañan ustedes mismos. Llévenla a la práctica. El que escucha la palabra, pero no la pone en práctica es como el que se mira el rostro en un espejo y, después de mirarse, se va y se olvida en seguida de cómo es. Pero quien se fija atentamente en la ley perfecta que da libertad, y persevera en ella, no olvidando lo que ha oído, sino haciéndolo, recibirá bendición al practicarla (Santiago 1:22-25).

Si simplemente escuchamos la Palabra, nos engañamos a nosotros mismos. Es como estar en la primera línea de combate con el equipo completo, un rifle de asalto y un lanzagranadas, pero nunca disparar un solo tiro. Estamos totalmente equipados, pero solo hacemos acto de presencia mientras el enemigo ataca y nos extermina. El hombre que conoce la Palabra, pero no hace lo que dice, es masacrado tanto como el que no conoce ni un ápice de ella. Al enfrentar a Goliat, la acción es la que marca la diferencia.

Cuando le pregunté al padre de mi novia si me permitía el privilegio de casarme con su hija, la conversación no se parecía en nada a lo que esperaba. Había estado saliendo con su hija por más de cuatro años, había sido huésped en su casa varias veces y siempre nos habíamos llevado muy bien. Respetaba y realmente me agradaba el tipo. Era entrenador de fútbol americano universitario, deporte que yo había jugado; él era cristiano y yo estaba sirviendo en el ministerio con Cruzada Estudiantil para Cristo; él era un tipo divertido y yo me las daba de gracioso, ¡te haces una idea! Así que lo llamé y programé una cita para encontrarme con él en su casa.

Me saludaron en la puerta, él y la madre de mi novia se sentaron en el sofá y me invitaron a acompañarlos. De inmediato, pude sentir la tensión. Le expliqué que amaba a su hija y que me gustaría que me dieran su permiso para pedirle que se casara conmigo. Con un comportamiento serio, el padre de mi novia me miró directamente a los ojos. Con su acento apalache y la postura característica de un entrenador deportivo, dijo: «Bueno, chico... sé que la amas, pero lo que necesitas es actuar. ¡Acción, chico! Eso es todo».

Durante las siguientes dos horas, con el sudor corriendo por mis axilas y la camisa empapada, estuve sentado allí mientras mi futuro suegro me daba una conferencia sobre las responsabilidades de ser esposo y los desafíos del matrimonio. Acción. Lo que se requiere es acción. En el matrimonio y en lo de ganar las batallas espirituales, lo que se necesita es acción. Necesitamos ser hacedores de la Palabra para enfrentar y vencer a Goliat.

David, confiando en la Palabra de Dios e ignorando las burlas de Goliat, descendió al valle de Ela y derrotó al gigante. Tenemos a nuestra disposición la misma arma que equipó y capacitó a David para obtener la victoria. Cuando un hombre toma la espada del Espíritu y usa la Palabra de Dios en acción y con obediencia, experimenta la victoria del Señor. Independientemente de lo que tus ojos puedan ver, la Palabra de Dios es más verdadera que cualquier cosa que sientas. Nuestro vencedor definitivo, Jesucristo, ha prometido que la verdad nos hará libres. ¡Creámoslo y hagámoslo!

Discusión

Echa un vistazo

Lee 1 Samuel 17:40-50.

· ¿Cómo caracterizarías la actitud de David mientras corría para enfrentar a Goliat?

· ¿Por qué crees que David confió más en la promesa triunfante de Dios que en las amenazas derrotistas de Goliat?

Considera

· Todo hombre vive por fe; la diferencia es el objeto de nuestra fe. ¿Por qué la Palabra de Dios tiene más autoridad que nuestras percepciones como objeto de fe?

· Busca los siguientes versículos y analiza lo que dicen sobre la autoridad y el poder transformador de la Palabra de Dios: Salmos 19:7-11; Jeremías 23:25-29; Isaías 55:8-11; Mateo 5:17-19; Efesios 6:17; Hebreos 4:12; 1 Pedro 1:23—2:2; 2 Pedro 1:16-21.

· ¿En qué medida nos da poder y nos capacita el conocimiento de las promesas de Dios y la proclamación de la autoridad de su Palabra, para derrotar a Goliat?

Hazlo

· De acuerdo a Mateo 4:1-11, Jesús apeló a las Escrituras cuando fue tentado por el diablo y cada pasaje escritural que citó trataba específicamente con la tentación específica que el enemigo le ponía. Busca las siguientes promesas de la Palabra de Dios y habla de los goliats específicos que tratan y cómo derrotarlos: Gálatas 5:16; Isaías 41:10; 1 Corintios 6:18-20; Efesios 4:25-32; Colosenses 3:1-11, Santiago 4:6-10; Proverbios 3:5-6.

· ¿Qué promesas necesitas creer y reclamar para poder vencer a Goliat con la autoridad de la Palabra de Dios?

· ¿Cómo vas a permanecer en la Palabra de Dios?

ENFRENTA A GOLIAT CON LA PROVISIÓN DE LA ORACIÓN

Hace ocho años, me encontraba en una encrucijada en mi vida. Llevaba veintiséis años sirviendo a Cristo como misionero, pastor asociado y pastor principal. En ese momento, era el pastor de enseñanza y director del ministerio de hombres de una gran iglesia en el sur de California. El pastor fundador se había jubilado y muchas personas, incluidos los ancianos, me habían preguntado si quería asumir el puesto de pastor principal. Al principio fui cauteloso, pero después de mucha oración sentí que Dios me estaba guiando a esa posición. Sin que yo lo supiera, durante el tiempo que crecía en mí el deseo por el trabajo, los ancianos estaban reevaluando mi persona y la posición, y creyeron que yo no era el candidato idóneo para el trabajo.

Se acercaba el momento de decirles a los ancianos si quería o no el puesto de pastor principal. Había trabajado con ellos como compañero en el cuerpo de ancianos por seis años y varios estaban en un grupo en el que nos rendíamos cuentas, así que pensé que me conocían; de modo que o creían en mí o no. Entonces razoné lo siguiente: *Ustedes, saben quién soy. O me ofrecen el trabajo o pasamos a otra cosa, pero no quiero más candidaturas ni evaluaciones.* En mi mente, arreglé todo lo que iba a decir en la reunión.

La noche previa a la reunión, dormí inquieto. Seguí pensando y orando sobre el encuentro con los ancianos. De repente, no sé si en un sueño o una visión, vi en el techo de la habitación —en letras negras brillantes— las palabras de 1 Pedro 5:6: «Humíllense, pues, bajo la poderosa mano de Dios, para que él los exalte a su debido tiempo». Me sentí abrumado por la sensación de que no debía ir a esa reunión en una posición de autoridad, sino que debía someterme a cualquier proceso que los ancianos eligieran y confiar en Dios para que dirigiera mi vida.

Así que eso fue precisamente lo que hice. Varios meses después, me quedé atónito, aplastado y con los ojos vendados cuando me dijeron que no era la persona que buscaban para dirigir la iglesia. ¿Qué había salido mal? Había orado y entregado todo a Dios, ¡pero obtuve exactamente el resultado opuesto al que esperaba! Ahora estaba espiritualmente abrumado, me sentía rechazado y tenía miedo por mi futuro. Yo era el pastor de enseñanza, predicaba cada fin de semana en ese momento; me habían puesto allí para ese trabajo; y ahora iban a contratar a alguien más para dirigir la iglesia. ¿Cómo podría continuar en mi posición de influencia? El pastor que contrataran, ¿me vería como una amenaza y me despediría? Sentía que Dios me estaba llamando a volver a ser pastor principal, ¿me estaba guiando para postularme para el puesto en otra iglesia? Todos esos pensamientos me consumieron. Oré y oré, pero sentí que mis emociones en conflicto nublaban mi capacidad de escuchar la voz de Dios.

Mientras continuaba buscando fervientemente al Señor en oración, invité a algunos guerreros de oración de confianza a que me acompañaran. Fuimos al Forest Home Conference

Center, el lugar donde Billy Graham había luchado con Dios en oración y decidió predicar el evangelio por el resto de su vida. De pie en el mismo lugar donde Graham había orado, nuestro grupo clamó a Dios y le pidió que me mostrara su voluntad para mi vida. Oramos para que Dios me mostrara su llamado. Oramos por claridad, provisión, guía y la dirección correcta del Señor. Comencé un período de diez días de oración y ayuno, pidiéndole a Dios que me revelara su voluntad para mi vida.

Poco después, el Señor, por medio de las oraciones, personas, circunstancias y milagros, me mostró que su voluntad era comenzar una nueva iglesia, apuntando a un nuevo desarrollo cerca de nuestra ciudad. Me reuní con los ancianos para compartir con ellos la dirección de Dios con mi vida y discutir mi estrategia de salida de la iglesia. Después de la reunión, tuve una sensación de paz en cuanto a que Dios estaba respondiendo la promesa que me hizo en 1 Pedro 5:6.

Entonces recibí una llamada de advertencia del pastor principal jubilado; aparentemente los ancianos se habían reunido y el miedo había nublado su raciocinio. Temían que pudiera tratar de llevarme a los miembros de la iglesia conmigo para comenzar la nueva iglesia. Temían que eso estuviera fuera de su control y pudiera resultar en una división de la iglesia. Después de varias reuniones, mi corazón estaba roto. No solo fui rechazado para el puesto de pastor principal, sino que ahora los hombres con los que había servido durante tanto tiempo, también dudaban de mi carácter y suponían que estaba tratando de dividir la iglesia. Nunca en mis veintiséis años de servicio a Cristo alguien me había acusado de tal cosa.

Estaba aturdido, devastado y herido. Clamé a Dios: *Señor, tú eres el Dios de los ejércitos angelicales; protégeme; ¡Sálvame! Dios, eres mi única esperanza. Protégeme de los que me calumnian. Guarda mi vida y mi familia. Devuélveme el gozo de mi salvación. Guíame en tu camino.* Luché con el goliat del miedo, en ese momento la oración era mi única esperanza. En muchas ocasiones, clamé a Dios toda la noche, pidiéndole su ayuda, su misericordia y su verdad para que me liberara.

Después de muchas reuniones con los ancianos, elaboramos un plan para que yo dejara la iglesia sin aspavientos ni fanfarrias. Mientras continuaba sirviendo en mi posición de pastor de enseñanza y director del ministerio de hombres, acepté retrasar la fundación de la nueva congregación por varios meses. Cuando empezamos, celebramos reuniones de oración con un núcleo de dieciséis personas que compartieron nuestra visión para el ministerio. Han pasado poco más de siete años desde que comenzamos a reunirnos, y la oración continúa siendo el corazón y el alma de nuestra iglesia.

Hace poco regresé de un viaje misionero de hombres en Haití y mis oraciones fueron muy diferentes a las de hace ocho años. En un terreno en Haití, me paré frente a una estación de agua que ayudamos a construir; esa estación proporciona agua limpia a miles de personas. En la parte delantera del edificio, en letras grandes, está escrito el nombre de la iglesia que fundé: Crossline Church. Mientras observaba la estación de agua, me sentí abrumado por la emoción: *Dios, gracias; gracias por tu bendición. No se trata de mí; sino de ti, de tu reino, de tu plan.*

Hace ocho años, luché con el goliat del miedo; las preguntas que me consumían en ese momento fueron: «¿Qué voy a hacer con mi vida? ¿Cuál es la dirección de Dios para mí?». Ocho años después, Dios ha respondido y cumplido la promesa que me hizo en 1 Pedro 5:6. A través de Crossline Church, más de mil cuatrocientas personas han entregado públicamente sus vidas a Cristo en el sur del condado de Orange, California. Nuestra iglesia ha crecido de dieciséis personas a alrededor de dos mil fieles; se han enviado misioneros a todo el mundo; miles de personas han sido alimentadas y vestidas a través de nuestro ministerio «Least of these»; un ministerio de radio internacional —«La verdad que cambia vidas»—, que difunde el evangelio alrededor del mundo todos los días; y cientos y miles de vidas en nuestra comunidad y en todo el mundo han sido transformadas por Jesucristo. ¡No se trata de mí! Se trata de Jesús y de su plan. Goliat podría haberme detenido en seco. Lo único que me daba esperanza y me ayudaba era la oración. Así como David derrotó a Goliat en el valle de Ela, también Dios ayudará a cada hombre a derrotar a su goliat si ese hombre se humilla y busca al Señor en oración. La oración es un arma potente, una disciplina espiritual y una forma de vida para los hombres que caminan con Dios. David era un hombre que caminaba con Dios. La oración fue una ayuda constante y el factor decisivo en su victoria sobre Goliat.

David corrió para enfrentar a Goliat con absoluta confianza en la victoria del Señor:

> David le contestó: Tú vienes contra mí con espada, lanza y jabalina, pero yo vengo a ti en el nombre del SEÑOR Todopoderoso, el Dios de los ejércitos de Israel, a quien has desafiado. Hoy mismo el SEÑOR te entregará en mis manos; y yo te mataré y te cortaré la cabeza. Hoy mismo echaré los cadáveres del ejército filisteo a las aves del cielo y a las fieras del campo, y todo el mundo sabrá que hay un Dios en Israel. Todos los que están aquí reconocerán que el SEÑOR salva sin necesidad de espada ni de lanza. La batalla es del SEÑOR, y él los entregará a ustedes en nuestras manos. En cuanto el filisteo avanzó para acercarse a David y enfrentarse con él, también este corrió rápidamente hacia la línea de batalla para hacerle frente (1 Samuel 17:45-48).

David esperaba derrotar a Goliat porque había visto a Dios defenderlo en el pasado. Poco antes de precipitarse a la batalla, David había discutido apasionadamente con Saúl que el Dios que lo había librado del león y del oso también lo libraría del filisteo (vv. 34-37). David era un hombre que caminaba con el

Señor, por eso la victoria espiritual fue producto de su relación con Dios. Como pastor, David había pasado largas noches a solas con Dios. Oraba, meditaba y cantaba canciones de adoración a su Creador. David conocía a Dios. Conocía la grandeza, el poder, el amor, la misericordia y la santidad de Dios. David conocía a Dios porque pasaba tiempo con Él.

Cuando tenía veintitrés años, fui a un partido de fútbol de la Universidad de California Los Ángeles (UCLA) y conocí a la mujer que se convertiría en mi esposa. Ella era estudiante de primer año en la universidad y yo era un nuevo miembro del personal de Cruzada Estudiantil para Cristo. Asistía al juego con un estudiante que había conocido hacía poco; ese estudiante había ido a la escuela secundaria con mi futura esposa, Donna. Cuando vio a Donna, la saludó con un fuerte abrazo y le dijo: «Donna, ¡qué bueno verte!».

Luego se volteó hacia mí y estaba a punto de presentarnos, pero antes de que pudiera decir algo, me acerqué, le di un fuerte abrazo a Donna y le dije: «¡Donna, qué bueno verte!».

Al día siguiente, en la iglesia, volví a ver a Donna, y con un tono de interrogación serio, ella me preguntó: «¿Qué estás haciendo aquí?».

Le tomó un rato convencerse de que en realidad yo era misionero. No hace falta decir que no la impresioné a primera vista. Sin embargo, aquí estamos después de veintisiete años de matrimonio, tres hijos, una vida de recuerdos preciosos y relatos compartidos, y una creciente historia de amor. Mientras más tiempo pasamos juntos, más nos conocemos y profundizamos en nuestro amor y confianza mutuos. Las relaciones profundas se basan en pasar tiempo uno junto al otro.

David pasaba tiempo con Dios, conocía a Dios y caminaba con Dios. Cuando un hombre camina con Dios, Dios es el defensor de su vida. Cuando un hombre camina con Dios, confía en el Señor, busca su ayuda y experimenta su victoria. El libro de los Salmos revela que lo esencial para el caminar de David con Dios fue la vida de oración que practicaba. La oración nos conecta con Dios. La oración alinea nuestras voluntades con la voluntad de Dios, e invita a Dios a ser el centro de nuestras vidas. Todo hombre piadoso, debe ser un hombre de oración. Todo hombre que haya vencido a Goliat lo ha hecho con la provisión de la oración.

Jesús modela esta dependencia de la oración en numerosas ocasiones. En Marcos 1, leemos que los discípulos se levantaron temprano y no pudieron encontrar a Jesús en ningún lado. Después de entrar en modo de búsqueda, por fin lo descubrieron solo, apartado en oración. Jesús, el Hijo de Dios y el hombre perfecto, consideraba necesario comenzar cada día en oración. Mateo 17 describe cómo bajó del Monte de la Transfiguración y encontró a sus discípulos intentando ayudar a un padre cuyo hijo tenía ataques demoníacos. Al explicar la incapacidad de los discípulos para llevar la curación al niño, Jesús declaró que este tipo de milagro solo se podía hacer a través de la oración. Jesús también dependía de la oración para tener la victoria sobre su propio goliat:

> Luego fue Jesús con sus discípulos a un lugar llamado Getsemaní, y les dijo: «Siéntense aquí mientras voy más allá a orar». Se llevó a Pedro y a los dos hijos de Zebedeo, y comenzó a sentirse triste y angustiado. «Es tal la angustia que me invade, que me siento morir —les dijo—. Quédense aquí y manténganse despiertos conmigo».
>
> Yendo un poco más allá, se postró sobre su rostro y oró: «Padre mío, si es posible, no me hagas beber este trago amargo. Pero no sea lo que yo quiero, sino lo que quieres tú».
>
> Luego volvió a donde estaban sus discípulos y los encontró dormidos. «¿No pudieron mantenerse despiertos conmigo ni una hora? —le dijo a Pedro—. Estén alerta y oren para que no caigan en tentación. El espíritu está dispuesto, pero el cuerpo es débil».

Por segunda vez se retiró y oró: «Padre mío, si no es posible evitar que yo beba este trago amargo, hágase tu voluntad».

Cuando volvió, otra vez los encontró dormidos, porque se les cerraban los ojos de sueño. Así que los dejó y se retiró a orar por tercera vez, diciendo lo mismo.

Volvió de nuevo a los discípulos y les dijo: «¿Siguen durmiendo y descansando? Miren, se acerca la hora, y el Hijo del hombre va a ser entregado en manos de pecadores. ¡Levántense! ¡Vámonos! ¡Ahí viene el que me traiciona!» (Mateo 26:36-46).

Este pasaje describe la angustia del alma que Jesús experimentó antes de ir a la cruz y morir por nuestros pecados. Para prepararse espiritual y emocionalmente para la batalla que estaba a punto de pelear, Jesús necesitaba entregar su corazón al Padre en oración: «Por segunda vez se retiró y oró: "Padre mío, si no es posible evitar que yo beba este trago amargo, hágase tu voluntad"» (v. 42). La oración lo animó vitalmente, lo preparó y fortaleció para la batalla.

Si vamos a entrar con confianza en nuestro propio valle de Ela, debemos ser hombres de oración. *Enfrentamos y derrotamos a Goliat cuando estamos equipados con el arma de la oración.* El apóstol Pablo menciona esta arma en el contexto de la descripción de la armadura de Dios: «Oren en el Espíritu en todo momento, con peticiones y ruegos. Manténganse alerta y perseveren en oración por todos los santos» Efesios 6:18). Cuando empleamos el arma de la oración, somos como hábiles arqueros que disparan ataques mortales al corazón de Goliat. En la trilogía de películas de *El señor de los anillos,* una banda ficticia de guerreros busca destruir un anillo mítico que es la fuente de un enorme poder maligno. Entre esa banda hay un elfo llamado Legolas, interpretado por Orlando Bloom. Legolas es un luchador intrépido, cuya habilidad con el arco y la flecha lo convierte en un oponente formidable y un gran aliado. Legolas dispara sus flechas con precisión adiestrada y una y otra vez sale victorioso en la batalla. Del mismo modo, un hombre entrenado en la oración es un poderoso guerrero en el ejército de Dios. Cuando disparamos las flechas de oración a Goliat, neutralizamos sus intentos de derribarnos.

Veamos nuevamente Efesios 6:18, que dice algo puntual para la comprensión de la oración por parte de cada hombre: «Oren en el Espíritu en todo momento, con peticiones y ruegos. Manténganse alerta y perseveren en oración por todos los santos». Pablo dice que debemos orar en el Espíritu con «todo tipo de oraciones». ¿Sabías que hay diferentes «tipos» de oración? Los salmos, en gran parte escritos por David, nos dan una idea de los diversos tipos de oraciones que debemos utilizar en nuestra lucha contra Goliat. Para nuestros propósitos, quiero destacar cuatro tipos de oraciones: (1) oraciones aprobatorias, (2) oraciones de alabanza y acción de gracias, (3) oraciones de confesión y arrepentimiento, y (4) oraciones petitorias. Cuando usamos todo tipo de oraciones, es como si disparáramos todo nuestro arsenal de municiones al enemigo.

Las oraciones aprobatorias son aquellas en las que nos mostramos de acuerdo con Dios con respecto a lo que Él dice que es verdad. Le recordamos a Dios su Palabra, sus promesas y sus verdades. El Salmo 23 es un ejemplo de una oración de afirmación:

> El Señor es mi pastor, nada me falta;
> en verdes pastos me hace descansar.
> Junto a tranquilas aguas me conduce;
> me infunde nuevas fuerzas.
> Me guía por sendas de justicia
> por amor a su nombre.
> Aun si voy por valles tenebrosos,
> no temo peligro alguno
> porque tú estás a mi lado;
> tu vara de pastor me reconforta.

Dispones ante mí un banquete
   en presencia de mis enemigos.
Has ungido con perfume mi cabeza;
   has llenado mi copa a rebosar.
La bondad y el amor me seguirán
   todos los días de mi vida;
y en la casa del Señor
   habitaré para siempre.

En este salmo, el compositor habla la verdad a sí mismo, a su gobierno y a Dios. Las oraciones aprobatorias son oraciones de verdad. El salmista declara la verdad sobre Dios; ¡Esta declaración le da valor, alaba a Dios y advierte a Goliat! En este salmo, Dios se afirma como pastor, proveedor y libertador, como alguien que bendice y recompensa. El salmista declara su confianza y dependencia de Dios. Esta oración aprobatoria le da al que ora confianza para creer en Dios y resistir las mentiras de Goliat. En nuestro arsenal de oración, debemos incluir oraciones de afirmación.

Las oraciones de alabanza y acción de gracias reconocen quién es Dios y lo que ha hecho. Estas también son oraciones de verdad, se centran en honrar y glorificar a Dios. Cuando pronunciamos estas oraciones, quitamos la atención de nosotros mismos y de Goliat, y nos enfocamos en la grandeza de Dios. Cuando vemos cuán grande es Dios, entonces Goliat se ve pequeño. Un ejemplo de este tipo de oración es el Salmo 111 (NTV):

¡Alabado sea el Señor!
Daré gracias al Señor con todo mi corazón
   al reunirme con su pueblo justo.
¡Qué asombrosas son las obras del Señor!
   Todos los que se deleitan en él deberían
      considerarlas.

Todo lo que él hace revela su gloria y majestad;
su justicia nunca falla.
Él nos hace recordar sus maravillosas obras.
¡Cuánta gracia y misericordia tiene nuestro Señor!
Da alimento a los que le temen;
siempre recuerda su pacto.
Ha mostrado su gran poder a su pueblo
al entregarle las tierras de otras naciones.
Todo lo que hace es justo y bueno,
y todos sus mandamientos son confiables;
siempre son verdaderos,
para ser obedecidos fielmente y con integridad.
Él pagó el rescate completo por su pueblo
y les ha garantizado para siempre el pacto que hizo
con ellos.
¡Qué santo e imponente es su nombre!
El temor del Señor es la base de la verdadera sabiduría;
todos los que obedecen sus mandamientos crecerán
en sabiduría.
¡Alábenlo para siempre!

Este salmo declara la grandeza de Dios y cuenta sus atributos y sus acciones. Dios es majestuoso, justo, compasivo, amable y fiel. Él proporciona comida, hace maravillas, cumple su pacto y redime a su pueblo. Cuando pronunciamos oraciones como esta, nuestra esperanza y confianza en Dios se rejuvenecen, y ganamos valor para enfrentar a nuestros goliats. Las oraciones de alabanza y acción de gracias deben pronunciarse cuando dudamos de la grandeza de Dios para vencer a Goliat. Cuando hacemos estas oraciones, alimentamos nuestra fe y fortalecemos nuestra confianza en el Señor.

Un tercer tipo de oración que debe estar en nuestro arsenal es la oración de confesión y arrepentimiento. A veces luchamos con Goliat porque hemos pecado contra el Señor y nos hemos abierto al ataque espiritual. Cada vez que desobedecemos a Dios en palabra, actitud o acción, debemos confesar nuestros pecados y volver a la luz del amor y el perdón de Dios. Juan dice:

> Pero, si vivimos en la luz, así como él está en la luz, tenemos comunión unos con otros, y la sangre de su Hijo Jesucristo nos limpia de todo pecado.
>
> Si afirmamos que no tenemos pecado, nos engañamos a nosotros mismos y no tenemos la verdad. Si confesamos nuestros pecados, Dios, que es fiel y justo, nos los perdonará y nos limpiará de toda maldad (1 Juan 1:7-9).

La confesión implica estar de acuerdo con Dios. Concordamos con Él en que nuestro pecado es pecado; estamos de acuerdo con Dios en que Cristo murió por nuestros pecados y que, a través de su sangre, tenemos expiación completa; y estamos de acuerdo con Dios en que debemos apartarnos de nuestro pecado y arrepentirnos. La confesión nos mantiene caminando en la luz y nos impide desarrollar un corazón engañoso y oscuro. Cuando pronunciamos oraciones de confesión, intentamos tener nuestros corazones bien con Dios. La confesión y el arrepentimiento nos mantienen caminando en la luz y aseguran que cada pieza de la armadura de Dios esté en su lugar. El Salmo 32 es un ejemplo de David al pronunciar este tipo de oración:

> Dichoso aquel
> a quien se le perdonan sus transgresiones,
> a quien se le borran sus pecados.
> Dichoso aquel
> a quien el Señor no toma en cuenta su maldad
> y en cuyo espíritu no hay engaño.
> Mientras guardé silencio,
> mis huesos se fueron consumiendo

por mi gemir de todo el día.
Mi fuerza se fue debilitando
como al calor del verano,
porque día y noche tu mano pesaba sobre mí.
Pero te confesé mi pecado,
y no te oculté mi maldad.
Me dije: «Voy a confesar mis transgresiones al Señor»,
y tú perdonaste mi maldad y mi pecado. Selah
Por eso los fieles te invocan
en momentos de angustia;
caudalosas aguas podrán desbordarse,
pero a ellos no los alcanzarán.
Tú eres mi refugio;
tú me protegerás del peligro
y me rodearás con cánticos de liberación. (vv. 1-7).

Cuando abrigamos un pecado no confesado, nos separamos de Dios y experimentamos los efectos espirituales, emocionales y físicos de la destructividad del pecado. En este entorno rico en objetivos, Goliat tienta, engaña y acusa. Pero cuando confesamos nuestros pecados, la luz del perdón de Dios nos cubre, y el poder del Espíritu Santo aumenta nuestra conciencia de los ataques de Goliat. Cada vez que pecas, ya sea por palabra, actitud o acción, usa el arma de la oración, confesando tus pecados y arrepintiéndote de tu independencia de Dios. Esta respuesta obediente te mantendrá en la esfera de su protección.

El último tipo de oración que debemos orar para enfrentar a Goliat es la oración orientada a la petición. En este tipo de oración, le pedimos a Dios que trabaje en nuestras vidas. Le decimos cómo nos sentimos y qué necesitamos, y rogamos su ayuda. Muchos de los salmos pertenecen a este tipo de oraciones. Cuando nos enfrentamos a Goliat, debemos pedirle a Dios específicamente que nos ayude a combatir a nuestro enemigo. Un ejemplo de esta clase de oraciones se encuentra en el Salmo 25:

Oh Señor, te entrego mi vida.
  ¡Confío en ti, mi Dios!
No permitas que me avergüencen,
  ni dejes que mis enemigos se regodeen en mi
  derrota.
Nadie que confíe en ti será jamás avergonzado,
  pero la deshonra les llega a los que tratan de
  engañar a otros.
Muéstrame la senda correcta, oh Señor;
  señálame el camino que debo seguir.
Guíame con tu verdad y enséñame,
  porque tú eres el Dios que me salva.
  Todo el día pongo en ti mi esperanza.
Recuerda, oh Señor, tu compasión y tu amor inagotable,
  que has mostrado desde hace siglos.
No te acuerdes de los pecados de rebeldía durante mi
  juventud.
    Acuérdate de mí a la luz de tu amor inagotable,
    porque tú eres misericordioso, oh Señor.
Vuélvete a mí y ten misericordia de mí,
  porque estoy solo y profundamente angustiado.
Mis problemas van de mal en peor,
  ¡oh, líbrame de todos ellos!
Siente mi dolor, considera mis dificultades
  y perdona todos mis pecados.
Mira cuántos enemigos tengo,
  ¡y de qué manera despiadada me odian!
¡Protégeme! ¡Rescata mi vida de sus manos!
  No permitas que me avergüencen, pues yo en ti me
  refugio.
Que la integridad y la honestidad me protejan,
  porque en ti pongo mi esperanza (vv. 1-7; 16-21, NTV).

David derrama su corazón delante de Dios y le ruega su ayuda. Pide dirección, gracia, protección, perdón, rescate y el recordatorio de la misericordia y el amor de Dios. Esta es la oración franca de un hombre que se enfrenta a Goliat. Todo hombre, si es sincero consigo mismo y con Dios, pronuncia esta oración. Este es el tipo de oración que Dios nos invita a elevar. Cuando nos enfrentamos a Goliat, podemos derramar nuestros corazones a Dios, rendirnos a su voluntad, confiar en su gracia y pedir su ayuda.

Nos enfrentamos a Goliat en la provisión de la oración. Cuando nos humillamos y pedimos la ayuda de Dios, Él escucha y responde, tal como Jesús prometió:

Pidan, y se les dará; busquen, y encontrarán; llamen, y se les abrirá. Porque todo el que pide, recibe; el que busca, encuentra; y al que llama, se le abre.

¿Quién de ustedes, si su hijo le pide pan, le da una piedra? ¿O si le pide un pescado, le da una serpiente? Pues si ustedes, aun siendo malos, saben dar cosas buenas a sus hijos, ¡cuánto más su Padre que está en el cielo dará cosas buenas a los que le pidan! (Mateo 7:7-11).

Debemos pedirle a nuestro Padre celestial, con todo tipo de oraciones, que nos ayude a enfrentar y derrotar a Goliat. Debido a que Él es bueno y dado que cumple sus promesas, podemos esperar, como David, caminar hacia el valle de Ela y matar a nuestro gigante.

Discusión

Echa un vistazo

Lee 1 Samuel 17:45-47.

· David se quitó la armadura de Saúl y confió en el Señor con el objeto de ganar la batalla. Aun antes de entrar en el valle de Ela, David estaba espiritualmente preparado para la victoria. ¿Qué crees que contribuyó a la valiente fe de David y su confianza en la provisión de Dios para ganar la batalla?

· ¿Cómo crees que David oró antes de entrar al valle de Ela?

Considera

· Una de las razones por las que David estaba tan bien preparado para la victoria fue porque era un hombre de oración. Las oraciones vienen en diferentes tipos y categorías. Lee las siguientes oraciones de David y analiza (1) qué tipo de oración es, y (2) cómo se relaciona el contenido de la oración con el hecho de estar preparado para la victoria espiritual:

  · Salmo 23
  · Salmo 111
  · Salmo 32
  · Salmo 25

· ¿Cómo crees que la oración ayuda a un hombre a ser valiente en su fe y a prepararse para enfrentar a su goliat?

Hazlo

· A la luz de los goliats que estás enfrentando, ¿qué tipo o tipos de oraciones necesitas para orar?

· Si pudieras elevar una oración en este momento que te conceda la victoria espiritual, ¿qué orarías?

CAPÍTULO 12

ENFRENTA A GOLIAT CON LA ARMADURA DE DIOS

Hace poco vi, quizás por décima vez, la película *Troya*. Sabes que has visto una película muchas veces cuando pronuncias los parlamentos que van a decir los actores en la pantalla antes que ellos. En *Troya*, un Brad Pitt delgado y malvado interpreta el papel de Aquiles. Según la leyenda griega, cuando era niño, Aquiles fue sumergido en el río Styx, pero fue sostenido por el talón. Se volvió invulnerable, aunque no en el lugar por donde su madre lo sostuvo, de ahí la expresión «talón de Aquiles». Casi al final del momento culminante de la película, Aquiles recibe el impacto de varias flechas, pero fue la que le golpeó el talón la que le produjo el golpe mortal. Todo hombre tiene un talón de Aquiles. Todo hombre es vulnerable al ataque espiritual. A fin de prepararnos para la batalla y proporcionarnos la victoria espiritual, Dios nos equipa con su armadura.

Vimos antes en 1 Samuel 17, que David rechazó la armadura de Saúl y en su lugar eligió la armadura de Dios. Equipado solo con una honda y un bastón de pastor, David entró en el valle de Ela y se enfrentó a Goliat. Las palabras de David a su formidable enemigo revelan dónde estaba su confianza:

David le contestó: Tú vienes contra mí con espada, lanza y jabalina, pero yo vengo a ti en el nombre del Señor Todopoderoso, el Dios de los ejércitos de Israel, a quien has desafiado. Hoy mismo el Señor te entregará en mis manos; y yo te mataré y te cortaré la cabeza. Hoy mismo echaré los cadáveres del ejército filisteo a las aves del cielo y a las fieras del campo, y todo el mundo sabrá que hay un Dios en Israel. Todos los que están aquí reconocerán que el Señor salva sin necesidad de espada ni de lanza. La batalla es del Señor, y él los entregará a ustedes en nuestras manos (1 Samuel 17:45-47).

David confió en Dios para ganar la batalla. David se enfrentó cara a cara con el guerrero más grande, más aterrador y feroz de la tierra; y, sin dudarlo, gritó: «¡La batalla es del Señor!». En el lenguaje del Nuevo Testamento, David estaba equipado y confiado en la armadura de Dios.

El apóstol Pablo describe esa armadura en su Carta a los Efesios:

Por último, fortalézcanse con el gran poder del Señor. Pónganse toda la armadura de Dios para que puedan hacer frente a las artimañas del diablo. Porque nuestra lucha no es contra seres humanos, sino contra poderes, contra autoridades, contra potestades que dominan este mundo de tinieblas, contra fuerzas espirituales malignas en las regiones celestiales. Por lo tanto, pónganse toda la armadura de Dios, para que cuando llegue el día malo puedan resistir hasta el fin con firmeza. Manténganse firmes, ceñidos con el cinturón de la verdad, protegidos por la coraza de justicia, y calzados con la disposición de proclamar el evangelio de la paz. Además de todo esto, tomen el escudo de la fe, con el cual pueden apagar todas las flechas encendidas del maligno. Tomen el casco de la salvación y la espada del Espíritu, que es la palabra de Dios. Oren en el Espíritu en todo momento, con peticiones y ruegos. Manténganse alerta y perseveren en oración por todos los santos. Oren también por mí para que, cuando hable, Dios me dé las palabras para dar a conocer con valor el misterio del evangelio, por el cual soy embajador en cadenas. Oren para que lo proclame valerosamente, como debo hacerlo (Efesios 6:10-20).

En este texto, Pablo nos brinda los detalles de la guerra espiritual y explica los recursos de Dios para la victoria espiritual.

En primer lugar, dice: «Por último, fortalézcanse con el gran poder del Señor». En otras palabras, como conclusión de todo lo que ha escrito en esta carta, Pablo nos exhorta a ser fuertes en el Señor. Esto pone en contexto lo importante que es vivir en la fortaleza del Señor. *Nuestra única esperanza en la batalla espiritual es la fuerza y el poder de Dios.* Él es el que nos da la victoria. Cualquiera sea el goliat que estemos enfrentando, nuestra máxima esperanza se encuentra solo en Jesucristo. Pablo afirma en 1 Corintios 15:57: ¡Pero gracias a Dios, que nos da la victoria por medio de nuestro Señor Jesucristo!».

En mi niñez, solía andar en bicicleta por nuestro vecindario. Un día estaba paseando cuando vi a tres niños mayores caminando en dirección hacia mí. Esos chicos eran conocidos como los bravucones del vecindario. Cuando me acerqué a ellos, se desplegaron por la calle e impidieron que pasara delante de ellos. Cada uno de los chicos llevaba una pistola de balines, por lo que comenzaron a burlarse de mí y a amenazar con dispararme. Uno de los muchachos levantó su arma y disparó. Inmediatamente, el dolor se extendió por el sitio donde me golpearon los balines. Grité y comencé a llorar. Parecía que cuanto más lloraba, más fuerte se reían. Hice un giro con la bicicleta y pedaleé a la casa tan rápido como pude.

Al llegar a mi casa, me tranquilicé un poco, pero luego me enojé por la manera en que aquellos pendencieros me habían disparado. Envalentonado, volví a mi bicicleta y encontré a los tres muchachos. Me acerqué a ellos y, con confianza, les dije que nunca más me molestaran ni trataran de dispararme con una pistola de balines. Mirándome a los ojos, con miedo en sus voces, cada uno de los provocadores me prometió que nunca más me molestarían. Ah, por cierto, cuando volví a casa vi a mi hermano mayor, que estuvo de pie detrás de mí todo el tiempo que estaba hablando con los tres matones. Mi hermano era el chico más duro del vecindario, y todos sabían que no se podían meter con él. El valor que mostré para enfrentar a los bravucones provenía de saber que mi hermano mayor me estaba defendiendo.

Nuestro valor para pelear la batalla espiritual procede de saber que nuestra fuerza radica en el Señor. Él es quien derrota al enemigo y, en su fuerza, es que tenemos la victoria. Pablo afirma: «Sin embargo, gracias a Dios que en Cristo siempre nos lleva triunfantes y, por medio de nosotros, esparce por todas partes la fragancia de su conocimiento» (2 Corintios 2:14). Derrotamos a nuestros goliats cuando caminamos en la victoria de Cristo. La batalla es del Señor y nuestra victoria está en Jesucristo. El estímulo de Pablo es que seamos fuertes en el Señor y en su gran poder.

Pablo también nos hace una advertencia: necesitamos la fuerza del Señor, porque nuestro enemigo es el diablo y sus demonios. Detrás de cada goliat que enfrentamos —duda, miedo, orgullo, lujuria o ira— nuestro verdadero enemigo es el diablo. Pedro nos dice qué hacer: «Practiquen el dominio propio y manténganse alerta. Su enemigo el diablo ronda como león rugiente, buscando a quién devorar» (1 Pedro 5:8). El diablo es nuestro verdadero enemigo; él es el prototipo de goliat que representa al goliat humano y todo goliat espiritual. Pablo describe la naturaleza de nuestro conflicto de esta manera:

> Porque nuestra lucha no es contra seres humanos, sino contra poderes, contra autoridades, contra potestades que dominan este mundo de tinieblas, contra fuerzas espirituales malignas en las regiones celestiales (Efesios 6:12).

Nuestra batalla es contra el diablo y sus demonios. No es contra carne y sangre. No estamos en guerra con nuestras esposas, nuestros hijos, nuestro jefe, nuestra suegra o contra el servicio de impuestos sobre la renta. Estamos en una lucha espiritual contra gobernantes, autoridades y poderes. Esta jerarquía demoníaca está organizada contra nosotros, ¡y a la cabeza está el diablo, que tiene una estrategia para derrotarnos! Por eso necesitamos la fuerza y el poder maravilloso del Señor para ganar la batalla.

Lo que Dios provee para cada hombre para darle la victoria en la batalla es la armadura de Dios. Pablo nos ordena dos veces que nos vistamos con la armadura completa de Dios; esta es la clave para enfrentar y derrotar a nuestro goliat. El modelo para esta enseñanza es la armadura que usa el soldado romano. Pablo escribió el libro de Efesios mientras estaba bajo arresto domiciliario. Estaba literalmente encadenado a un soldado romano. Tuvo la oportunidad de observar su armadura y eligió esa metáfora para describir los recursos espirituales que Dios le da a cada creyente. Veamos una vez más la descripción que hace Pablo de la armadura:

> Manténganse firmes, ceñidos con el cinturón de la verdad, protegidos por la coraza de justicia, y calzados con la disposición de proclamar el evangelio de la paz. Además de todo esto, tomen el escudo de la fe, con el cual pueden apagar todas las flechas encendidas del maligno. Tomen

el casco de la salvación y la espada del Espíritu, que es la palabra de Dios (Efesios 6:14-17).

Así como la armadura física protegía al soldado romano, también la armadura de Dios protege a cada creyente del ataque espiritual. *La primera pieza de la armadura que Pablo menciona es la verdad.* Jesús dijo: «Y conocerán la verdad, y la verdad los hará libres» (Juan 8:32). La verdad se debe usar como un cinturón en el centro de nuestro cuerpo. Nos protege de las mentiras, los engaños y las falsas enseñanzas del enemigo. Si rastreas su origen, verás que el pecado comienza con una idea en la mente antes de convertirse en una decisión de la voluntad y una acción del cuerpo. Tomamos malas decisiones y actuamos de manera pecaminosa porque nuestros pensamientos son engañados y creemos las mentiras. La verdad de Dios nos libera de las mentiras del enemigo.

¿Recuerdas a David y a Goliat? Este último parecía intimidante y sus amenazas eran aterrorizadoras. Basados en sus burlas, los hombres de Israel creyeron la mentira de que no había forma de ganar la batalla. Como resultado, quedaron paralizados por el miedo. Sin embargo, David creyó la verdad de Dios y entró con confianza en el valle de Ela para ganar la pelea. Dios arma a cada uno de sus soldados con el cinturón de la verdad. Hoy, tenemos el cinturón de la verdad a nuestra disposición para protegernos en la batalla.

La segunda pieza de la armadura que menciona Pablo es la justicia. La rectitud se compara con una coraza que cubre el pecho y los órganos vitales. Cada creyente está cubierto en la propia justicia de Jesucristo. Estamos ante un Dios santo, perfecto e inmaculado en su justicia. Esta es la doctrina de justificación del Nuevo Testamento. Dios, el Juez justo, nos ha justificado al declararnos justos ante su vista. Las siguientes Escrituras sacan a la luz la maravillosa verdad de nuestra posición justa en Dios:

Al que no cometió pecado alguno, por nosotros Dios lo trató como pecador, para que en él recibiéramos la justicia de Dios (2 Corintios 5:21).

En consecuencia, ya que hemos sido justificados mediante la fe, tenemos paz con Dios por medio de nuestro Señor Jesucristo (Romanos 5:1).

Pero ahora, sin la mediación de la ley, se ha manifestado la justicia de Dios, de la que dan testimonio la ley y los profetas. Esta justicia de Dios llega, mediante la fe en Jesucristo, a todos los que creen. De hecho, no hay distinción (Romanos 3:21-22).

En lo que atañe a la ley, esta intervino para que aumentara la transgresión. Pero, allí donde abundó el pecado, sobreabundó la gracia, a fin de que, así como reinó el pecado en la muerte, reine también la gracia que nos trae justificación y vida eterna por medio de Jesucristo nuestro Señor (Romanos 5:20-21).

Basado en la fe que tenemos en Jesucristo, Dios nos ha declarado justos. Hemos recibido la justicia de Cristo; ella es la coraza que nos protege de los ataques del enemigo.

La tercera pieza de la armadura es el evangelio. Pablo compara el evangelio con los zapatos o las sandalias del soldado romano. Estas sandalias eran únicas en el mundo antiguo ya que estaban hechas de cuero con clavos de hierro o tachuelas en las suelas. Esto hacía que la sandalia fuera similar a un taco (o zapato de fútbol moderno). Con este tipo de calzado, el soldado tenía una ventaja en el combate cuerpo a cuerpo, especialmente en el lodo y en terreno blando. Pablo exhorta a los creyentes a que se calcen los pies con la preparación que proviene del evangelio de la paz.

En su Carta a los Romanos, Pablo escribió: «No me avergüenzo del evangelio, pues es poder de Dios para la salvación de todos los que creen: de los judíos primeramente, pero también de los gentiles» (Romanos 1:16). El evangelio es el mensaje de salvación en Cristo. Este es el evangelio que hemos creído, el que hemos recibido como un depósito de Dios. Pablo instruyó a Timoteo: «Con fe y amor en Cristo Jesús, sigue el ejemplo de la sana doctrina que de mí aprendiste. Con el poder del Espíritu Santo que vive en nosotros, cuida la preciosa enseñanza que se te ha confiado» (2 Timoteo 1:13-14). El evangelio declara que las personas pueden tener paz con Dios cuando creen en Jesucristo. Este mensaje es para darnos una base firme cuando nos encontremos con Goliat. No importa qué mentiras arroje, o con qué tentaciones intente atraernos, el evangelio nos recuerda que tenemos paz con Dios y que somos enviados a una misión para ayudar a otros a encontrar esa paz con Dios.

La siguiente pieza de la armadura es la fe. La fe es el escudo que protege al hombre piadoso de los misiles ardientes del enemigo. En la escena de apertura de la película *Gladiador*, la legión romana está en guerra con las tribus germánicas. El general Maximus, interpretado por Russell Crowe, ordena: «¡Cuando dé la orden, desaten el infierno!». Esa era la señal para que sus arqueros sumergieran sus flechas en un líquido en llamas y dispararan al enemigo. Esa era la versión de artillería del mundo antiguo. Esas flechas ardientes llovieron sin descanso sobre los ejércitos enemigos. Para protegerse de tales dardos en llamas el soldado romano usaba su escudo. Nuestro enemigo, el diablo, dispara sus flechas ardientes (mentiras, tentaciones y acusaciones) en dirección a nosotros. Lo que nos protege de esos ataques es el escudo de la fe.

La fe es aceptar la interpretación de Dios acerca de la realidad. Es confiar que lo que Dios dice es cierto y actuar en consecuencia con esa verdad. Dios le ha dado a cada creyente una medida de fe. La fe es nuestro escudo cuando enfrentamos los ataques de Goliat. La fe accede a lo que es verdadero, lo que Dios declara y promete en su Palabra, y luego traduce esa verdad en una acción segura. David enfrentó a Goliat con confianza porque estaba convencido de que lo que Dios dijo era más cierto que cualquier otra cosa. Las promesas de Dios eran más verdaderas que las burlas de Goliat y más verdaderas que la evaluación humana del conflicto. La fe capta la verdad de Dios. La fe es aceptar la interpretación de Dios acerca de la realidad. La fe es una pieza de la armadura que Dios le ha dado a cada hombre piadoso.

La última pieza de la armadura que menciona Pablo es el casco de la salvación. La salvación es como un casco que cubre la cabeza. Como hombres de Dios, tenemos una cobertura en Jesucristo que asegura completamente nuestra salvación. ¡Somos salvos! ¡Nuestros pecados son perdonados, hemos nacido de nuevo, tenemos una nueva naturaleza, hemos sido declarados justos y hemos recibido el regalo de la vida eterna! Cuando nos enfrentemos a Goliat, debemos tener el casco de la salvación en su lugar. Debemos recordar que independientemente de las mentiras o ataques del enemigo, nuestra relación eterna con Dios es segura. De la misma manera que el casco protege la cabeza, la salvación de Cristo nos cubre y nos protege.

Los recursos que Dios provee nos protegen del enemigo y nos equipan para la victoria. *Además de la armadura, Dios nos da a cada creyente armas espirituales que nos permiten no solo defendernos, sino también derrotar a nuestros goliats.* Pablo describe las armas de la ofensiva disponibles para cada seguidor de Jesucristo:

> Tomen el casco de la salvación y la espada del Espíritu, que es la palabra de Dios. Oren en el Espíritu en todo momento, con peticiones y ruegos. Manténganse alerta y perseveren en oración por todos los santos. Oren también por mí para que, cuando hable, Dios me dé las palabras para dar a conocer con valor el misterio del

evangelio, por el cual soy embajador en cadenas. Oren para que lo proclame valerosamente, como debo hacerlo (Efesios 6:17-20).

En este pasaje, Pablo describe tres armas que Dios ha puesto a nuestra disposición: (1) la Palabra de Dios, (2) la oración y (3) la predicación del evangelio. La Palabra de Dios se compara con la espada utilizada por el soldado romano. Esta era una espada corta conocida como *machira*. La *machira* se usaba en el combate cuerpo a cuerpo y requería que el usuario estuviera cerca y tuviera una confrontación personal con su oponente. Para usar la espada del Espíritu, debemos estar justo en la cara del enemigo y asestar el golpe mortal con la Palabra de Dios. Esto significa que necesitamos conocer la Palabra, internalizarla y usarla.

Nuestro ejemplo al usar la espada del Espíritu es el propio Jesús, que usó la Palabra de Dios cuando fue tentado por Satanás en el desierto:

Jesús, lleno del Espíritu Santo, volvió del Jordán y fue llevado por el Espíritu al desierto. Allí estuvo cuarenta días y fue tentado por el diablo. No comió nada durante esos días, pasados los cuales tuvo hambre. «Si eres el Hijo de Dios —le propuso el diablo—, dile a esta piedra que se convierta en pan». Jesús le respondió: «Escrito está: No solo de pan vive el hombre». Entonces el diablo lo llevó a un lugar alto y le mostró en un instante todos los reinos del mundo. Sobre estos reinos y todo su esplendor —le dijo—, te daré la autoridad, porque a mí me ha sido entregada, y puedo dársela a quien yo quiera. Así que, si me adoras, todo será tuyo.

Jesús le contestó: «Escrito está: Adora al Señor tu Dios y sírvele solamente a él». El diablo lo llevó luego a Jerusalén e hizo que se pusiera de pie en la parte más alta del templo, y le dijo: «Si eres el Hijo de Dios, ¡tírate de aquí! Pues escrito está: Ordenará que sus ángeles te cuiden. Te sostendrán en sus manos para que no tropieces con piedra alguna». También está escrito: «No pongas a prueba al Señor tu Dios», le replicó Jesús. Así que el diablo, habiendo agotado todo recurso de tentación, lo dejó hasta otra oportunidad. Jesús regresó a Galilea en el poder del Espíritu, y se extendió su fama por toda aquella región (Lucas 4:1-14).

Jesús vivió toda su existencia en el poder del Espíritu Santo. Él es el ejemplo para cada hombre. Llenos del Espíritu Santo, podemos usar la espada del Espíritu, que es la Palabra de Dios. Cada vez que Satanás lanzó una tentación, Jesús la repelió con la Palabra de Dios. Las palabras de Jesús, «Escrito está « y «Dice», revelaron cómo había internalizado la Palabra de Dios y la usó para neutralizar los ataques del enemigo. Cuando Goliat miente, nos acusa y nos tienta, debemos seguir el ejemplo de Jesús y usar la espada del Espíritu. Eso significa que tenemos que disciplinarnos para conocer la Palabra, entenderla y estar listos para usarla en cualquier momento que el enemigo ataque. Al igual que un boxeador profesional que sabe cómo bloquear un puñetazo y lanzar una derecha cruzada, necesitamos saber cómo usar la Palabra de Dios para detener el asalto del enemigo y asestar un golpe que derrote a Goliat.

Además de la Palabra de Dios, la oración es un arma poderosa que nos da la victoria sobre el enemigo. Pablo exhorta: «Oren en el Espíritu en todo momento, con peticiones y ruegos. Manténganse alerta y perseveren en oración por todos los santos» (Efesios 6:18). La oración es como una bomba inteligente sobrenatural que apuntamos directamente al corazón de nuestro enemigo. Pablo nos dice que oremos en el Espíritu. El Espíritu Santo es quien energiza, fortalece y activa nuestras oraciones. Debemos orar con confianza en el Espíritu, en todas las ocasiones. ¡La oración no es solo el último recurso! Debemos comenzar con la oración, continuar con la oración, orar en todas las ocasiones y concluir con la oración.

En nuestra oración, debemos elevar todo tipo de ruegos. Las oraciones de alabanza, confesión, petición, intercesión y cualquier otro tipo de ellas deben ser parte del arsenal que desatamos contra el diablo y sus demonios. El libro de los Salmos registra las oraciones inspiradas de David y otros salmistas. Esas oraciones pueden ser reclamadas a Dios y respondidas en el poder del Espíritu Santo.

Mientras oramos con todo tipo de ruegos, no solo nos defendemos de los ataques del enemigo, sino que también lanzamos las armas ofensivas de Dios directamente sobre Goliat. Mientras escribo esto, acabo de regresar de una reunión de oración de hombres. Todos los jueves por la mañana, un grupo de hombres de mi iglesia se reúne en mi oficina para orar. Oramos por nosotros mismos, nuestras familias y nuestra iglesia, especialmente por los caballeros de nuestra iglesia. Si se tratara de una lucha de artes marciales mixtas en el cuadrilátero entonces nuestras oraciones serían una avalancha de rodillazos, patadas, puños traseros y ganchos de izquierda golpeando a los goliats que enfrentamos.

La última arma mencionada por Pablo en el pasaje de Efesios 6 es predicar el evangelio. Pablo dice: «Oren también por mí para que, cuando hable, Dios me dé las palabras para dar a conocer con valor el misterio del evangelio, por el cual soy embajador en cadenas. Oren para que lo proclame valerosamente, como debo hacerlo» (vv. 19-20). El apóstol pide oración para proclamar sin temor el evangelio. Cuando todo está dicho y hecho, la verdadera batalla es por la seguridad eterna de las almas. El cielo y el infierno son las realidades decisivas para cada persona. Cuando predicamos el evangelio, literalmente estamos dando la lucha al enemigo. Debido a eso, necesitamos el empoderamiento del Espíritu Santo, la armadura de Dios y la cobertura de la oración cuando hablamos de Jesús a los demás. Si Pablo necesitaba oración para cubrir su actividad evangelizadora, ¿cuánto más lo necesitamos nosotros?

Enfrenta a Goliat con la armadura de Dios

Como ya lo mencioné, hace un tiempo regresé de un viaje misionero de hombres que hicimos a Haití. En medio de la asombrosa pobreza y el pavoroso sufrimiento, Dios está haciendo una extraordinaria obra evangelística en ese país. La apertura espiritual es palpable; literalmente, uno puede caminar hacia un extraño y comenzar una conversación fructífera sobre Jesús. Con lágrimas en los ojos, vi a dieciséis hombres de nuestra iglesia, muchos de los cuales nunca habían sido testigos de nadie en sus vidas, que se convirtieran en evangelistas audaces y compasivos por Cristo. Esos hombres nunca volverán a ser los mismos. Ellos experimentaron la armadura de Dios y las armas para la victoria espiritual. Dios ha llamado a sus hombres no solo para pelear la batalla espiritual, sino para ganarla poniéndose su armadura y usando sus armas. Dios desea que sus hombres estén armados y sean peligrosos. Eso significa que debemos «ponernos» y «tomar» la armadura y las armas de Dios. Efesios 6:10-20 no es solo una promesa de la provisión de Dios, sino también una orden de acción militar agresiva. Se nos ordena ser fuertes en el Señor; se nos ordena permanecer firmes; se nos ordena ponernos la armadura de Dios; se nos ordena tomar la espada del Espíritu.

En la película *La caída del halcón negro*, hay una escena en la que un grupo de comandantes del ejército y operadores de la Fuerza Delta regresan de un tiroteo en Mogadiscio. Cansados, agotados y heridos, los soldados entran con sus compañeros en la seguridad de su base de operaciones. Sin dudarlo, uno de los operadores de Fuerza Delta va a una mesa donde están las armas y vuelve a cargarlas. Con asombro, un comandante pregunta qué está haciendo. El soldado de la Fuerza Delta simplemente dice que está reuniendo el equipo para volver a la pelea. A veces nos cansamos en la batalla, pero Goliat es implacable. Nuestra esperanza no es solo saber que Dios ha provisto su armadura y sus armas. ¡Nuestra esperanza triunfante es cuando nos vestimos, nos armamos para la pelea y golpeamos a Goliat con un trompazo en la boca!

Discusión

Echa un vistazo

Lee 1 Samuel 17:41-47.

- Cuando David se enfrentó a Goliat, confiaba en la victoria de Dios. ¿Por qué crees que David entendió que «la batalla pertenece al Señor»?
- ¿Qué recursos le da Dios a cada seguidor de Cristo para equiparlo con el fin de que gane la batalla?

Considera

- Lee Efesios 6:10-20. ¿Con quién estamos luchando y qué ha provisto Dios para nuestra victoria?
- Según Efesios 6:14-17, ¿cuáles son las piezas de la armadura, qué representan y cómo nos protegen del ataque del enemigo?
- ¿Qué crees que significa «ponerse» y «tomar» la armadura de Dios? ¿Cuál es nuestra parte en cuanto a recibir y aplicar la provisión de Dios?
- La armadura de Dios nos protege y las armas de Dios nos equipan para atacar y derrotar al enemigo. Lee Efesios 6:17-20. ¿Cuáles son las tres armas que menciona Pablo en este pasaje?

Hazlo

- Estamos protegidos de los ataques de Goliat cuando nos ponemos y tomamos la armadura de Dios. ¿Qué pieza de la armadura necesitas más en la actualidad?
- Derrotamos a nuestros goliats cuando estamos equipados y usamos las armas de Dios para obtener la victoria. ¿Qué desafíos enfrentas en este momento que podrían convertirse en victorias para el Señor si eliges desplegar sus armas?
- ¿Cómo puedes ser más hábil en el uso de la espada del Espíritu, que es la Palabra de Dios? ¿Qué necesitas hacer con el objeto de depender más de la oración para la victoria espiritual? ¿Qué pasos debes dar para ser más audaz y valiente al compartir el evangelio?

13

ENFRENTA A GOLIAT CORRIENDO A LA BATALLA

David entró en el valle de Ela convencido de que la victoria era del Señor. Él era el hombre de Dios para el propósito de Dios. Aunque Goliat se enfureció y trató de intimidarlo, David sabía que Dios era más grande. En efecto, David sabía que estaba llamado a derrotar a Goliat:

> David le contestó: Tú vienes contra mí con espada, lanza y jabalina, pero yo vengo a ti en el nombre del Señor Todopoderoso, el Dios de los ejércitos de Israel, a quien has desafiado. Hoy mismo el Señor te entregará en mis manos; y yo te mataré y te cortaré la cabeza. Hoy mismo echaré los cadáveres del ejército filisteo a las aves del cielo y a las fieras del campo, y todo el mundo sabrá que hay un Dios en Israel. Todos los que están aquí reconocerán que el Señor salva sin necesidad de espada ni de lanza. La

batalla es del SEÑOR, y él los entregará a ustedes en nuestras manos.

En cuanto el filisteo avanzó para acercarse a David y enfrentarse con él, también este corrió rápidamente hacia la línea de batalla para hacerle frente. Metiendo la mano en su bolsa sacó una piedra, y con la honda se la lanzó al filisteo, hiriéndolo en la frente. Con la piedra incrustada entre ceja y ceja, el filisteo cayó de bruces al suelo. Así fue como David triunfó sobre el filisteo: lo hirió de muerte con una honda y una piedra, y sin empuñar la espada (1 Samuel 17:45-50).

Cada vez que leo esta historia, me atrae el versículo 48: «este [David] corrió rápidamente hacia la línea de batalla para hacerle frente». No hubo dudas, pasividad ni análisis excesivo: ¡David corrió a la batalla! Oh, que Dios nos diera a todos sus hombres y a mí ese tipo de valor y fe. Veo algo en este relato de la fe y la obediencia proactiva de David que puede ayudarnos a seguir su ejemplo: David entró en el valle de Ela con un sentido de misión y propósito.

Los hombres de Israel, atemorizados por las burlas de Goliat, habían perdido de vista su identidad y el llamado ordenado por Dios. Eran soldados, llamados a luchar, pero Goliat les había robado su propósito misional. David era un pastor; pero más que eso, era el hombre de Dios que siguió el propósito divino para su vida. *Enfrentamos y derrotamos a Goliat cuando vivimos la misión y el propósito de Dios para nuestras vidas.* Vivir pasivamente, por el contrario, invita a Goliat a burlarse de nosotros.

Una de las cosas que mi entrenador de fútbol americano en la secundaria usaba para entrenarnos era «tocar el silbato». Su enseñanza era que, si tocas el silbato, minimizas tus posibilidades de lastimarte y maximizas tus posibilidades de contribuir al juego. Este axioma fue dolorosamente obvio en mi primer año en la universidad.

Primero permítanme decir que el salto del fútbol de la escuela secundaria al universitario es la prueba más grande de lo crudo que es la realidad. Pasas de ser un pez grande en un estanque pequeño a ser un pez pequeño en un estanque grande. Como parte de una práctica previa al juego durante mi primer año, estábamos haciendo una ofensiva completa contra la defensa. Las emociones afloraban y los entrenadores hacían la vista gorda al excesivo contacto físico. Jugué dentro de la línea de defensa aunque era significativamente más pequeño que los de nuestra línea ofensiva. La pelea estaba totalmente en marcha cuando el entrenador decidió asignarme varias jugadas.

En una jugada en particular, la ofensiva corrió en una dirección errática y el guardia ofensivo del lado derecho lanzó para convertirse en el principal bloqueador del corredor. A medida que se desarrollaba la jugada, me acerqué a la línea de batalla y me moví en dirección al corredor, en formación. Antes de que se abriera un espacio, nuestra línea defensiva se derrumbó y tumbaron al mariscal de campo. Al ver que ya estaba hecho, disminuí la velocidad, a pesar de que no había escuchado el silbato. Nuestro guardia ofensivo corría a toda velocidad, avanzando hacia el montón de jugadores. Lo observé con mi visión periférica y pensé: Él puede ver que *el juego ya terminó y no me va a pegar.* ¡Nunca olvidaré eso!

Después de haberme caído volví a ponerme en pie, pero el guardia en su carrera me golpeó tan fuerte que pensé que había matado a toda mi familia. El empellón me catapultó por el aire e inmediatamente vi estrellas y escuché un ruido extraño. Pensé que había perdido parcialmente la visión, solo para descubrir que mi casco se había retorcido en mi cabeza. Solo podía ver por el agujero de la oreja. El ruido metálico que oía era el tornillo de mi mascarilla que se había roto y colgaba lateralmente de mi casco. Sin lugar a dudas, fue lo más duro que me han golpeado. Lo que empeoró el asunto fue que no estaba listo cuando debía haberlo estado. Me detuve y ni siquiera había sonado el silbato.

Cuando los hombres se serenan, cuando ven la vida pasivamente o sin un enfoque misional piadoso, Goliat los golpea tan fuerte que a veces no se recuperan. David no andaba paseando casualmente por el valle de Ela; él corrió hacia la línea de batalla. Estaba enfocado, listo y tras la misión a la que había sido llamado. Cuando vivimos decididamente, enfrentamos al enemigo en la lucha. En vez de esperar a ser despedidos, derrotamos a Goliat cuando buscamos intencionalmente el llamado de Dios en nuestras vidas. Dios tiene un plan con su reino y nosotros somos parte de él. De hecho, somos agentes del reino que adelantan su gobierno. Dios tiene un propósito para nuestras vidas que es más grande que nuestros deseos y nuestras necesidades. Cuando vemos quién es Dios, qué está haciendo en el mundo y entendemos nuestra parte en su plan, entonces nos enfilamos corriendo a la batalla.

Hace ocho años, Dios me llevó a iniciar una iglesia. En ese momento, francamente, mi visión era muy miope. La pregunta que me formulaba era: «¿Cuál es el próximo paso que Dios quiere que dé en mi vida?». De una manera muy real, para mí, fundar esa iglesia tuvo que ver principalmente con lo que yo iba a hacer con mi vida. Cuando estábamos hablando sobre cómo debemos enfrentar a Goliat en oración, me referí a la profunda experiencia que tuve en Haití. Hace dos semanas (al momento de escribir esto), regresé de mi segundo viaje a ese país. Fui con un grupo de dieciséis hombres de mi iglesia a predicar el evangelio, alimentar a los hambrientos y servir al Señor. Mientras estábamos en Haití, visitamos muchos de los proyectos en los que nuestra iglesia ha estado involucrada durante los últimos tres años, desde el terremoto.

Como mencioné anteriormente, uno de esos proyectos fue ayudar a desarrollar una estación de procesamiento de agua para proporcionar agua limpia a la comunidad de Croix Des Bouquets. El agua en Haití es impura, por lo que muchas personas están enfermas de cólera. El agua limpia es un bien necesario y valioso. A través de esa estación procesadora de agua, miles de personas son bendecidas. De pie frente al edificio que alberga las bombas de agua y el sistema de filtración, observé un letrero enorme en la pared que decía: Crossline Church. Todos los días, en Haití, la gente acude a ese lugar a buscar agua limpia y está siendo bendecida por Crossline Church. Parado frente a esa estación de agua, me quebranté y lloré. Dios tocó mi corazón y me dijo: «*Mis planes son más grandes que los tuyos. No se trata de ti; se trata de mí y de mis propósitos*». Hoy nos enfrentaremos a Goliat, pero no se trata de nosotros; se trata de Dios y los propósitos de su reino.

Cuando David entró en el valle de Ela, sabía que había algo más grande que una pelea entre dos hombres. Fue incluso más grande que una batalla entre dos países. Fue una batalla espiritual entre el reino de Dios y el reino de las tinieblas. David corrió hacia la línea de batalla porque sabía que esa guerra le pertenecía al Señor. David enfrentó a Goliat con un sentido de misión y propósito.

Los hombres de Dios siempre son llamados a cumplir los propósitos divinos. Puedes recordar la historia de Elías y los profetas de Baal. Ese enfrentamiento tuvo lugar en el monte Carmelo, al norte de Israel, a las afueras de la moderna ciudad de Haifa. He estado en el monte Carmelo y me he detenido donde Elías se enfrentó a su goliat. Elías representaba al único Dios verdadero. Acab, el rey de Israel, había abandonado a Dios e instituido la adoración a Baal en Israel. Elías era la espina constante en el costado de Acab. Finalmente, tuvo lugar un enfrentamiento entre Elías y todos los profetas de Baal. El resultado fue una vindicación del Dios verdadero: Yahweh o Baal. La contienda debía ser determinada por el que respondiera desde el cielo con fuego para consumir el altar y el sacrificio. Primero los profetas de Baal llamaron a su dios, pero no pasó nada. Entonces Elías se adelantó para orar al único Dios verdadero, el Dios de Israel:

Entonces Elías le dijo a la gente:
—¡Acérquense!

Así lo hicieron. Como habían dejado en ruinas el altar del Señor, Elías lo reparó. Luego recogió doce piedras, una por cada tribu descendiente de Jacob, a quien el Señor le había puesto por nombre Israel. Con las piedras construyó un altar en honor del Señor, y alrededor cavó una zanja en que cabían quince litros de cereal. Colocó la leña, descuartizó el buey, puso los pedazos sobre la leña y dijo:

—Llenen de agua cuatro cántaros, y vacíenlos sobre el holocausto y la leña.

Luego dijo:

—Vuelvan a hacerlo.

Y así lo hicieron.

—¡Háganlo una vez más!, les ordenó.

Y por tercera vez vaciaron los cántaros. El agua corría alrededor del altar hasta llenar la zanja.

A la hora del sacrificio vespertino, el profeta Elías dio un paso adelante y oró así: «Señor, Dios de Abraham, de Isaac y de Israel, que todos sepan hoy que tú eres Dios en Israel, y que yo soy tu siervo y he hecho todo esto en obediencia a tu palabra. ¡Respóndeme, Señor, respóndeme, para que esta gente reconozca que tú, Señor, eres Dios, ¡y que estás convirtiéndoles el corazón a ti!»

En ese momento cayó el fuego del Señor y quemó el holocausto, la leña, las piedras y el suelo, y hasta lamió el agua de la zanja. Cuando vieron esto, todos se postraron y exclamaron: «¡El Señor es Dios! ¡El Señor es Dios!» (1 Reyes 18:30-39).

Antes de que Elías pudiera decir: «En nombre de Dios. Amén», el fuego descendió del cielo y consumió el altar junto con el sacrificio.

Dios respondió con fuego. Todos estaban asombrados y sabían que el Señor era Dios. Elías corrió a la batalla. Pisó el monte Carmelo como el hombre de Dios, persiguiendo el propósito de Dios para su vida. Dios quería que todo Israel supiera que Él era Dios. La batalla espiritual de Elías fue más grande que Elías y Acab. Era más grande que Elías y los profetas de Baal. Fue una batalla del reino de Dios contra el reino de las tinieblas. Elías enfrentó a su goliat con un sentido de misión y propósito.

El apóstol Pablo es otro ejemplo de uno que vive con propósito. Según la evaluación de cualquiera, Pablo fue el cristiano más grande que jamás haya existido. En Hechos 20, vemos al apóstol reuniendo a los ancianos de la iglesia en Éfeso para darles su discurso de despedida. Dios le había revelado a Pablo que su plan era que fuera a Jerusalén y luego a Roma. Pablo sabía que tal vez no volvería a ver a esos hombres, y quería alentarlos en su trabajo. Con sincera ternura y convicción, Pablo relató cómo ministró a sus vidas y su respuesta al evangelio de Cristo. En medio de esa dirección, Pablo dijo lo siguiente:

> Y ahora tengan en cuenta que voy a Jerusalén obligado por el Espíritu, sin saber lo que allí me espera. Lo único que sé es que en todas las ciudades el Espíritu Santo me asegura que me esperan prisiones y sufrimientos. Sin embargo, considero que mi vida carece de valor para mí mismo, con tal de que termine mi carrera y lleve a cabo el servicio que me ha encomendado el Señor Jesús, que es el de dar testimonio del evangelio de la gracia de Dios (vv. 22-24).

Pablo anticipó los goliats de la prisión y las dificultades. Sabía lo que era estar en medio del conflicto espiritual. Pablo también sabía que su vida no era suya. Sabía que la vida era más grande que su comodidad y su seguridad personal. Pablo estaba a la disposición de los propósitos de Dios. Vivió con un sentido claro y urgente de su misión: dar testimonio del evangelio de la gracia de Dios. Debido a que Pablo había sido transformado por la gracia divina, y porque sabía que estaba llamado a proclamar la gracia de Dios, corrió a la batalla, esperando enfrentarse y vencer a su goliat.

Por supuesto, el ejemplo más fuerte del que corre a la batalla con un sentido de misión y propósito es Jesucristo. Cristo se enfrentó cara a cara con Satanás en múltiples ocasiones y siempre lo derrotó. Jesús vivió todos los días de su existencia terrenal con un propósito. Sabía que su vida importaba para algo mucho más grande que su propio éxito o victoria espiritual. En Juan 17, vemos una conversación única entre Dios el Hijo y Dios el Padre. Jesús derramó su corazón antes de ir a la cruz para hacer expiación por los pecados del mundo:

> Después de que Jesús dijo esto, dirigió la mirada al cielo y oró así: «Padre, ha llegado la hora. Glorifica a tu Hijo, para que tu Hijo te glorifique a ti, ya que le has conferido autoridad sobre todo mortal para que él les conceda vida eterna a todos los que le has dado. Y esta es la vida eterna: que te conozcan a ti, el único Dios verdadero, y a Jesucristo, a quien tú has enviado. Yo te he glorificado en la tierra, y he llevado a cabo la obra que me encomendaste. Y ahora, Padre, glorifícame en tu presencia con la gloria que tuve contigo antes de que el mundo existiera» (Juan 17:1-5).

En esta oración, Jesús revela que todo acerca de su vida ocurrió con el propósito de glorificar a Dios. Jesús completó la obra que Dios le había encomendado y, al completarla, trajo la gloria de Dios. Cada día trae nuevas oportunidades para que glorifiquemos a Dios. Cada relación, cada decisión y cada búsqueda es un medio para lograr un fin. El objetivo para el cual hemos sido llamados es dar gloria a Dios. Enfrentarse a Goliat es un medio para ese fin. Ganamos la pelea cuando corremos a la batalla con un sentido de misión y propósito.

Así que, ¿cuál es, específicamente, el propósito de Dios para nuestras vidas? ¿Cuál es la misión que debería impulsarnos, empoderarnos y darnos valor para enfrentar a Goliat? Creo que el propósito que debe orientar nuestras vidas es el mismo que facultó a cada hombre piadoso en las Escrituras. *Ese propósito es glorificar a Dios al conocer a Cristo y darle a conocer a través del poder del Espíritu Santo.* Cuando un hombre acepta esa misión, toda su vida está enfocada y es capaz de poner todo en una perspectiva ordenada por Dios. Encarar a Goliat se convierte en parte del plan de Dios; no es algo de lo que tengamos que huir, sino todo lo contrario debemos correr para enfrentarlo. Cada día se convierte en un valle de Ela para entrar en las fuerzas del Señor, confiado en su victoria. Correr a la batalla motivado por el propósito misional de Dios es tan importante que necesitamos desatar lo que ello significa, de modo que integremos completamente todas nuestras vidas en torno a su llamado.

Nuestro propósito es glorificar a Dios al conocer a Cristo y darlo a conocer a través del poder del Espíritu Santo. La gloria de Dios es su presencia manifestada. El término hebreo para este concepto es *kabod*, y en griego la palabra es *doxa*. Ambos vocablos implican una impresión, una manifestación, una apariencia y una marca restante que queda. La gloria de Dios es que Dios aparece, siendo Él mismo, haciendo lo que hace y obteniendo el crédito. Glorificar a Dios es mostrar quién es Dios y qué hace. Glorificamos a Dios cuando la gente ve en nosotros sus atributos, su carácter, su corazón y su salvación. Jesús, más que nadie, glorificó a Dios en su propio ser: «Porque Dios, que ordenó que la luz resplandeciera en las tinieblas, hizo brillar su luz en nuestro corazón para que conociéramos la gloria de Dios que resplandece en el rostro de Cristo» (2 Corintios 4:6). Glorificamos a Dios cuando manifestamos a Jesús ante los demás. En el Sermón del Monte, Jesús dijo:

Ustedes son la luz del mundo. Una ciudad en lo alto de una colina no puede esconderse. Ni se enciende una lámpara para cubrirla con un cajón. Por el contrario, se pone en la repisa para que alumbre a todos los que están en la casa. Hagan brillar su luz delante de todos, para que ellos puedan ver las buenas obras de ustedes y alaben al Padre que está en el cielo (Mateo 5:14-16).

Cada familia tiene su idiosincrasia particular. En la nuestra, memorizamos los diálogos de las películas y los repetimos entre nosotros como comentario en momentos familiares divertidos. Vamos, tú también tienes momentos familiares divertidos como yo. Una de los parlamentos que decimos proviene de la película *Mulan*, de Disney. Fa Mulan es una joven que se disfraza de niño y lucha en defensa de China contra las hordas mongolas. Cuando Mulan se va a la guerra, se le exhorta a honrar a la familia, y los personajes comienzan a cantar: «Por favor, hónrense unos a otros». De la misma manera, a menudo nos decimos unos a otros en nuestra familia, «Por favor, denles honor a todos». Lo que estamos diciendo es que no nos avergüences; al contrario, tráenos gloria.

Nuestra misión en la vida es traer gloria a Dios. No debemos hacer eso pasivamente, sino de manera proactiva: «En conclusión, ya sea que coman o beban o hagan cualquier otra cosa, háganlo todo para la gloria de Dios» (1 Corintios 10:31). Debemos vivir de manera intencional y en una forma que glorifique a Dios. Goliat no es un personaje periférico en el guion de nuestras vidas, sino un antagonista que nos brinda la oportunidad de cumplir nuestro destino. Cuando corremos a la batalla, nos enfrentamos a Goliat para la gloria de Dios.

Nuestro propósito es glorificar a Dios al conocer a Cristo y darle a conocer a través del poder del Espíritu Santo. Nuestra búsqueda en pos de conocer a Cristo le da gloria a Dios. El apóstol Pablo dijo que conocer a Cristo era de un valor superior:

Sin embargo, todo aquello que para mí era ganancia, ahora lo considero pérdida por causa de Cristo. Es más, todo lo considero pérdida por razón del incomparable valor de conocer a Cristo Jesús, mi Señor. Por él lo he perdido todo, y lo tengo por estiércol, a fin de ganar a Cristo y encontrarme unido a él. No quiero mi propia justicia que procede de la ley, sino la que se obtiene mediante la fe en Cristo, la justicia que procede de Dios, basada en la fe. Lo he perdido todo a fin de conocer a Cristo, experimentar el poder que se manifestó en su resurrección, participar en sus sufrimientos y llegar a ser semejante a él en su muerte. Así espero alcanzar la resurrección de entre los muertos. No es que ya lo haya conseguido todo, o que ya sea perfecto. Sin embargo, sigo adelante esperando alcanzar aquello para lo cual Cristo Jesús me alcanzó a mí (Filipenses 3:7-12).

Pablo analizó su vida y dijo que todo en ella era basura comparado con conocer a Cristo. Todas las cosas en su currículum, todos sus títulos, su cuenta bancaria, sus planes de pensión, su auto BMW, su reloj Rolex, todo lo que podía valorar o esperar no era nada comparado con Cristo. De hecho, Pablo era un poco más gráfico de lo que permitían nuestras traducciones modernas. El término traducido como «basura» es la palabra griega *skubalon*, que era una alusión al excremento animal. Para usar una expresión moderna, Pablo dijo que cualquier cosa que comparemos con conocer a Cristo es solo un montón de basura. Por tanto, mientras el mundo y muchos cristianos engañados persiguen la basura, Pablo nos dice que busquemos el conocimiento de Cristo.

Cuando nuestro objetivo es conocer a Cristo, corremos a la batalla. Vemos la vida como llena de posibilidades, desafíos y oportunidades. Todo es una experiencia de aprendizaje que nos ayuda a acercarnos a Jesucristo. Ese goliat, que deseamos desesperadamente que Dios nos quite de nuestra vida, puede ser el trampolín que necesitamos para alcanzar un conocimiento más profundo de Cristo. Debemos correr a la batalla con un sentido de misión, motivados por el deseo de glorificar a Dios conociendo a Jesucristo.

Nuestro propósito es glorificar a Dios al conocer a Cristo y darlo a conocer a través del poder del Espíritu Santo. Dar a conocer a Cristo implica llevar una vida contagiosa como embajador de Jesucristo. Pablo escribió a la iglesia en Corinto:

> Por lo tanto, si alguno está en Cristo, es una nueva creación. ¡Lo viejo ha pasado, ha llegado ya lo nuevo! Todo esto proviene de Dios, quien por medio de Cristo nos reconcilió consigo mismo y nos dio el ministerio de la reconciliación: esto es, que en Cristo, Dios estaba reconciliando al mundo consigo mismo, no tomándole en cuenta sus pecados y encargándonos a nosotros el mensaje de la reconciliación. Así que somos embajadores de Cristo, como si Dios los exhortara a ustedes por medio de nosotros: «En nombre de Cristo les rogamos que se reconcilien con Dios» (2 Corintios 5:17-20).

Nuestras vidas y nuestras palabras deben estar en consonancia con nuestra función como testigos de Jesucristo. A veces la gente me pregunta: «¿Puedo testificar de mi vida o necesito compartir el evangelio con la gente?».

Mi respuesta siempre es la misma: «¡Sí!». No es un dilema. Tenemos el privilegio de ser un ejemplo de Cristo para los demás y de trasmitir el evangelio a los demás.

De alguna manera me las arreglé para meter cuatro años de universidad en cinco años y medio. Justo después de graduarme, asistí a una conferencia patrocinada por Cruzada Estudiantil para Cristo. El orador fue el fundador y presidente de Campus

Crusade, el doctor Bill Bright. Este se dirigió a aproximadamente mil jóvenes sobre el tema «Cómo ayudar a cumplir la Gran Comisión». Bright miró a la multitud y preguntó: «¿Qué es lo mejor que te ha pasado?».

Sentado en la audiencia, respondí la pregunta con mis propios pensamientos: *Conocer a Jesús como mi Señor y Salvador.*

Luego siguió con otra pregunta: «¿Qué es lo mejor que puedes hacer por alguien más?».

Nuevamente, en el silencio de mis pensamientos, respondí: *Ayudar a otros a conocer a Cristo como su Salvador.*

El doctor Bright continuó hablando con la audiencia sobre cómo podríamos orientar nuestras vidas para ayudar a cumplir la Gran Comisión. Durante los últimos treinta y cinco años, esa es la misión que ha guiado mi vida: «Conocer a Cristo y darlo a conocer». Cuando vivimos alineados con los propósitos de Dios, corremos para luchar y vivir con un sentido de misión y destino.

Ser testigo de Jesucristo se trata realmente de seguir a nuestro Maestro. Jesús les prometió a Pedro y a Andrés: «Vengan, síganme —les dijo Jesús—, y los haré pescadores de hombres» (Mateo 4:19). He oído decir que «si no estás pescando, ¡entonces no estás siguiendo!». En nuestra iglesia, hablamos de ser contagiosos para Cristo. Cuando eres contagioso es porque tienes una enfermedad real y contagias a otros. Muchos afirman ser cristianos, y pueden estar bien versados en la doctrina cristiana, pero no hay nada de contagioso en sus vidas. Otros pueden carecer de respuestas bien argumentadas y conocimiento bíblico, pero Jesús desborda por sus vidas y las personas son influenciadas por Cristo a través de ellos.

He descubierto que cuanto más conozco a Cristo, más me parezco a Él; y cuanto más me parezco a Él, soy más contagioso con sus cosas. Cuando vivimos consagrados al propósito de Dios para nuestras vidas, vemos que no se trata solo de nosotros. Dios tiene un plan con el reino y nosotros somos parte de él.

Correr a la batalla significa que vivimos con misión y propósito, y si Goliat se interpone en nuestro camino, entonces lo sacamos con la fuerza del Señor. ¡La batalla es del Señor!

Nuestro propósito es glorificar a Dios al conocer a Cristo y darlo a conocer a través del poder del Espíritu Santo. Ya hemos demostrado que la única forma en que podemos enfrentar a Goliat es a través del poder del Espíritu Santo. Él es el activador y el que ayuda en la vida cristiana. Buscamos la misión a la que Dios nos ha llamado en el poder del Espíritu Santo. Él nos permite conocer a Cristo y darlo a conocer. Cuando vivimos en el poder del Espíritu, Él produce su fruto en nosotros para la gloria de Dios. Corremos a la batalla en la plenitud del Espíritu Santo.

Cuando era niño, había una bebida parecida a Kool-Aid llamada Fizzy. Las fizzys eran unas tabletas como las de Alka-Seltzer, y venían en diferentes sabores; cereza, uva, limón, etc. Cuando dejabas caer un poco de Fizzy en un vaso de agua, inmediatamente comenzaba a burbujear y se liberaba el sabor. Algo en la composición química de la tableta Fizzy hacía que reaccionara al contacto con el agua. El ministerio del Espíritu Santo en nuestras vidas es como esa tableta efervescente. Cuando ponemos nuestra fe en Cristo, recibimos el Espíritu de Cristo en nuestros corazones. Él mora permanentemente en cada creyente y, al entrar, comienza a transformarnos y hacernos más como Cristo. Como un efervescente, el Espíritu Santo libera en nosotros su fruto y la vida de resurrección de Jesucristo (ver Romanos 8:11; Gálatas 5:22-23).

Ahora bien, el Señor es el Espíritu; y, donde está el Espíritu del Señor, allí hay libertad. Así, todos nosotros, que con el rostro descubierto reflejamos como en un espejo la gloria del Señor, somos transformados a su semejanza con más y más gloria por la acción del Señor, que es el Espíritu (2 Corintios 3:17-18).

El Espíritu Santo nos transforma, activa la vida de Cristo dentro de nosotros y nos da poder para glorificar a Cristo. Corremos a la batalla cuando buscamos glorificar a Dios conociendo a Cristo y haciéndolo conocer a través del poder del Espíritu Santo.

Solo hay tres opciones para cada hombre: (1) Vivir de una manera pasiva y débil; (2) vivir de forma proactiva, buscando cumplir un propósito que no sea el plan de Dios para su vida; (3) vivir con un sentido de misión y propósito, buscando la voluntad de Dios en cada área de su vida. Corremos a la batalla, enfrentando y derrotando a nuestros goliats, cuando vivimos de acuerdo con la misión y el propósito de Dios. No seas debilucho. No seas idólatra. ¡Vive con propósito y derrota a Goliat!

A estas alturas, algunos de ustedes deben estar entusiasmados y diciendo: «¡Dame mi casco! Yo voy». Otros sienten la culpa y la vergüenza del fracaso. Tal vez has tratado de seguir a Dios y enfrentar a Goliat, solo para ser golpeado o ceder al pecado. Tal vez te preguntes: «¿Qué hago si fallo?». O «¿Qué hago si caigo?». La respuesta es: Tienes que volver a levantarte.

Hace varios años, formaba parte de un ministerio deportivo en el que jugamos fútbol americano en Europa del Este y Rusia. Utilizando el deporte como plataforma, predicábamos a Cristo, dábamos conferencias en campamentos e iglesias y discipulábamos a atletas de la antigua Unión Soviética. En una ocasión, estábamos jugando al fútbol en la ciudad de Járkov, Ucrania. Es probable que hubieran asistido alrededor de diez mil personas, y nuestros oponentes eran todos ex atletas profesionales y olímpicos. Estábamos viejos y fuera de forma, pero éramos mejores jugadores de fútbol que nuestros oponentes.

En una de las patadas de salida después de anotar un gol de campo, los rusos corrieron el balón hacia atrás utilizando una formación tipo cuña. Yo era el último hombre en la línea lateral derecha. Mi trabajo consistía en evitar que el tipo que regresaba se separara de la línea lateral. Con la adrenalina bombeando, corrí por la cancha y vi en mi campo visual periférico un bloqueador ruso que se dirigía hacia mí. Al mismo tiempo, vi al corredor con la pelota moverse de cabeza contra la pila de jugadores en la cuña. Antes de que pudiera procesar todo lo que estaba sucediendo, mi oponente ruso bajó la cabeza y me golpeó. Fue un bloqueo impresionante y estaba en el extremo receptor. Me alzó por el aire y aterricé sobre mi espalda.

Para ser sincero, mi primer pensamiento fue: *¡Genial, todo el mundo acaba de ver lo que me hicieron!* Ahora, cualquiera que haya jugado al fútbol recuerda todos los los trucos, las zancadillas y los ejercicios con los balones que practicaron una y otra vez. Instintivamente, a pesar de que había sido derribado, ¡con fuerza!, me levanté. Lo que sucedió después fue hermoso. Mientras me aplastaban, el portador de la pelota se liberó del tumulto y ahora iba corriendo sin tocar hacia la línea lateral. Debe haberme visto en el suelo y comenzó a correr a mi alrededor. No sabía eso, porque me derribaron, así que no tenía una estrategia en mente cuando me levanté, pero el momento fue perfecto. Cuando me levanté del suelo, el corredor se topó conmigo. Entonces lo golpeé con el casco en el pecho y quedó como para tomarle una foto. ¡Logré una entrada en solitario y todo lo que hice fue levantarme! Si Goliat te ha derribado, o si te ha sacado de la pelea, levántate. ¡Solo levántate! Asume tu identidad ordenada por Dios, solicita la ayuda del Espíritu Santo y corre a la batalla.

Discusión

Echa un vistazo

Lee 1 Samuel 17:45-50.

- ¿Qué crees que estaba pasando en la mente y el corazón de David que lo llevó a correr a la línea de batalla?
- ¿Qué piensas que debería motivar al hombre piadoso a enfrentar a sus goliats?

Considera

- David luchó contra Goliat con un sentido de misión y propósito. Busca los siguientes ejemplos bíblicos y analiza la misión y el propósito evidente en cada hombre de Dios: 1 Reyes 18:30-39; Nehemías 1:1—2:5; 1 Corintios 9:19-27.
- Dios ha llamado a cada hombre a correr a la batalla con un sentido de misión y propósito. En este capítulo declaro: «Nuestro propósito es glorificar a Dios conociendo a Jesucristo y dándolo a conocer, por el poder del Espíritu Santo». ¿Qué piensas de esta declaración de propósito?
- Estudia cómo aclaran el propósito de Dios para tu vida las siguientes Escrituras: Filipenses 3:7-14; Colosenses 1:28-29; 2 Corintios 3:17-18; 1 Corintios 10:31; Mateo 5:13-16.

Hazlo

- Personaliza este capítulo y las Escrituras anteriores, ¿cuál crees que es el propósito y la misión de Dios para tu vida?
- ¿Cómo vas a correr a la batalla?

DIOS ESTÁ BUSCANDO HOMBRES

El desafío de la Gran Comisión es predicar el evangelio a toda criatura. Esto incluye jóvenes, viejos, ricos, pobres, hombres y mujeres. El amor de Dios es lo suficientemente generoso como para abarcar al mundo entero. Pensando en toda la humanidad, Dios está buscando hombres que dirijan su Iglesia y adelanten su reino. *Se ha dicho que la Iglesia es la esperanza del mundo. Yo añadiría que los hombres son la esperanza de la Iglesia.* Esta no es una declaración machista, de hecho, ¡mi esposa la aprobó! La pregunta ante cada iglesia es: ¿dónde están los hombres? Incluso una lectura superficial de las Escrituras revela que Dios está buscando hombres. Considera los siguientes pasajes:

> Y busqué de ellos hombre que hiciera vallado y que se pusiera al portillo delante de mí por la tierra, para que yo no la destruyera; y no le hallé (Ezequiel 22:30, JBS).

> La siguiente declaración es digna de confianza: «Si alguno aspira a ocupar el cargo de anciano en la iglesia, desea una posición honorable» (1 Timoteo 3:1, NTV).

Lo que has oído de mí ante muchos testigos, esto encarga a hombres fieles que sean idóneos para enseñar también a otros (2 Timoteo 2:2, RVR1960).

Dios está buscando hombres con corazones humildes, hombres que sacrifiquen todo por la causa de Cristo y que se mantengan en la brecha como líderes siervos para sus familias y para el reino de Cristo. Robert Coleman lo expresó de esta manera en su libro *Master Plan of Evangelism*:

Todo comenzó cuando Jesús llamó a algunos hombres a seguirlo... Su preocupación no eran los programas para alcanzar a las multitudes, sino los hombres a quienes las multitudes seguirían... Los hombres serían su método para ganar al mundo para Dios.[1]

La Iglesia necesita una estrategia intencional para llegar a los hombres, porque si alcanzas a un hombre, alcanzas a toda su familia. Un hombre cambiado influirá en un matrimonio y en una familia para Cristo. Una familia cambiada influirá en un vecindario y una comunidad para Cristo. Una comunidad cambiada influirá en un estado y una nación para Cristo. Una nación cambiada ayudará a cambiar al mundo para Cristo. *Todo comienza con un hombre cambiado.*

Dick Marcinko, autor de la serie *Rogue Warrior* y antiguo comandante del Sexto Equipo SEAL, dijo una vez: «No necesitamos más hombres de voluntad débil. ¡Lo que necesitamos son unos guerreros con los pantalones bien puestos!». El misionero y mártir Jim Elliot, de una manera más bíblica, registró las siguientes palabras en su diario personal:

Somos absolutamente ordinarios, muy comunes, aunque profesamos conocer un Poder que el siglo veinte no

---

1. Dr. Robert E. Coleman, *The Master Plan of Evangelism* (Revell, 2010), p. 21.

reconoce. Pero somos «inofensivos» y, por lo tanto, no representamos ninguna amenaza. Somos pacifistas espirituales, no militantes, objetores de conciencia en esta batalla a muerte con principados y poderes en lugares altos. Se debe tener mansedumbre para el contacto con los hombres, pero se requiere intrepidez y franca audacia para participar en la comunión de la cruz. Somos «marginales», entrenando y criticando a los verdaderos luchadores mientras nos contentamos con sentarnos y dejar a los enemigos de Dios sin respuesta. El mundo no puede odiarnos; somos muy parecidos a los suyos. ¡Ah, si Dios nos hiciera peligrosos!

Dios está buscando hombres peligrosos, hombres que pongan su confianza en Cristo y cambien al mundo. Dios está buscando hombres que entren al valle de Ela y corran a la batalla.

¿Serás tú ese hombre?

AGRADECIMIENTOS

Quiero agradecer a mi hermano mayor, Bob, por darme a conocer el evangelio de Jesucristo. Quiero reconocer el ministerio de Cruzada Estudiantil y Profesional para Cristo por ser la herramienta que Dios usó con el fin de discipularme y equiparme para servir a Cristo. Quiero agradecer a los ministerios de hombres de Coast Hills Community Church y Crossline Church por permitirme probar los principios de este libro.

A mis amigos de Regal Books: quiero agradecer a Kim Bangs y Stan Jantz por su apoyo y orientación. Y para todos los hombres que he tenido el privilegio de guiar, el apóstol Juan lo expresó mejor: «No tengo yo mayor gozo que este, el oír que mis hijos andan en la verdad» (3 Juan 1:4, RVR1960).

Para contactar a J. P. Jones, leer sus blogs, invitarlo como orador y solicitar material de apoyo, visita:

www.pastorjpjones.com
Twitter: @pastorjpjones

El MODELO
QUE DIOS DISEÑÓ

Mark Batterson
Autor de éxitos del *New York Times*

En algún punto de nuestro camino, nuestra cultura perdió su definición de hombría, dejando a generaciones de hombres y de niños camino a ser varones confundidos en cuanto a sus roles, responsabilidades, relaciones y la razón por la cual Dios los hizo tales. Es en esta «tierra de nadie» que el exitoso autor del New York Times, Mark Batterson, expresa su mantra para la hombría: *Sé hombre*.

En este llamado inspirador a algo superior, Mark ayuda a los varones a entender lo que significa ser un hombre de Dios revelando siete virtudes de la masculinidad. Además, cuenta relatos inspiradores acerca de la hombría, incluida la verdadera historia del héroe y mártir Policarpo, que fue el primero que oyó una voz del cielo que decía: «*Sé hombre*». Mark une esas historias con ideas prácticas acerca de cómo discipular a la próxima generación de hombres que pondrán a Dios primero, a la familia de segundo y a la carrera de tercero.

Esto es más que un libro; es un movimiento de hombres que no se conforman con nada menos que cumplir su más alto llamado a ser el hombre y el padre que Dios destinó que fueran.

MARK BATTERSON es autor de *Hacedor de círculos, Persigue tu león* —de la lista del New York Times. Es el pastor principal de National Community Church, una congregación con ocho recintos en Washington, D.C. Mark tiene un doctorado en ministerio de Regent University y vive en Capitol Hill con su esposa, Lora, y sus tres hijos. Más información en:
www.markbatterson.com
www.markbatterson-espanol.com

Otro libro de: www.editorialniveluno.com *Para vivir la Palabra*

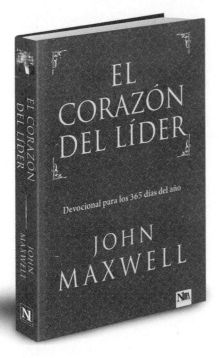

Porque el Señor da la sabiduría; conocimiento y ciencia brotan de sus labios....
Él cuida el sendero de los justos y protege el camino de sus fieles.
Entonces comprenderás la justicia y el derecho, la equidad y todo buen camino;
Proverbios 2:6, 8–9

El liderazgo no es para los de corazón débil, aún cuando a veces hasta el líder más fuerte tiene sus dificultades. Tu liderazgo ¿cómo funciona? Así como otros dependen de ti ¿de quién puedes depender? La respuesta es Dios, el Líder de los líderes.

Cuanto más tiempo pases meditando en el aliento y la guía que Él brinda, más fuerza hallarás para enfrentar las exigencias de cada día. Lee este diario de John Maxwell todos los días del año. Te muestra el camino para que puedas liderar según el corazón de Dios.

JOHN MAXWELL es un experto en liderazgo reconocido a nivel internacional, orador y autor que ha vendido más de 22 millones de libros. Es el fundador de la John Maxwell Company, el John Maxwell Team y EQUIP, organizaciones que han capacitado a más de 5 millones de líderes en 185 países.

Otro libro de: www.editorialniveluno.com *Para vivir la Palabra*

Editorial Nivel Uno

Te invitamos a que visites nuestra página
web donde podrás apreciar la pasión por
la publicación de libros y Biblias:

www.EditorialNivelUno.com

 @EDITORIALNIVELUNO

@EDITORIALNIVELUNO

@EDITORIALNIVELUNO

Para vivir la Palabra